河出文庫

伝説の編集者
坂本一亀とその時代

田邊園子

河出書房新社

伝説の編集者　坂本一亀とその時代　目次

カバー写真＝「文藝」編集長時代の坂本一亀。
一九六三年八月、文藝賞選考会にて。

伝説の編集者　坂本一亀とその時代

はじめに

坂本一亀《かずき》は、二〇〇二年九月二十八日、八十歳と九か月でその生涯を終えた。何年も透析に通っていた自宅近くの病院で、安らかに息を引きとったという。彼は二十五歳から三十五年間、出版社で文芸編集者として果敢に生きた。

編集者としての坂本一亀は、ファナティックであり、ロマンティストであり、そしてきわめてシャイな人であった。彼は私心のない純朴な人柄であり、野放図であったが、繊細であり、几帳面であり、潔癖であった。

彼の言動は合理性にはほど遠く、矛盾があり、無駄が多いように見えたが、本質を見抜く直感の鋭く働く人であった。言葉を費やして説明することを省き、以心伝心、推《お》して知るべし、あ、うんの呼吸、といった古武士の世界に住んでいるように見えた。坂本さんは古武士のような人ですねえ、と感嘆していたのは、昔、たびたび河出書房新社に見えていた日沼倫太郎《ひぬまりんたろう》だったような気がする。坂本一亀には日本古来の白木の木刀がよく似合いそうだ。彼は〝木刀の味〟の日本男子であった。

「ダメダ」「イヤダ」「アカン」といった否定語を発することが多く、理由を説明しないので、なぜなのか、何を言いたいのか理解できないことが多かった。ずっと後になって解ることもあったが、解らないままのこともあった。

坂本一亀を駆り立てていた、あの狂おしいまでの情熱とは何なのか。それは、戦争体験と無縁ではないように思われる。青少年期に死と向き合って日常を過ごさざるを得なかった世代の人々のなかに、時々、共通するものを感じることがあった。三島由紀夫の狂気、井上光晴の激情、などである。

*

坂本一亀は、三島由紀夫の回想のなかで、

きみは兵隊に行ったのかと私に訊く。行ったと答える。そうか、よかったな、うらやましいよ。ちっともよくない、と私は返す。

と記している。軍隊経験をもつ坂本一亀と、もたなかった三島由紀夫の違いがはっきり示されているし、また皇国少年から戦後、共産主義に転じた井上光晴とは、それぞれ信じる方向は相違しているが、彼らが第二次世界大戦中、死を決意して、まっしぐらに生きていたホットな若者たちであったことは共通する。彼らはその性情において、時代に背を向けたり逃げたりしなかった若者たちだ。三島由紀夫は坂本一亀や井上光晴を好きであったし、坂本一亀も三島由紀夫や井上光晴を好きであった。井上光晴は、その思想上の立場から、けして三島由紀夫への好意を表に出すことはなかったが、三島邸のパーティへの招待を断らずに出かけているし、坂本一亀とは取っ組みあってじゃれあう仲であった。純粋で、直情的な、似たような気質をもつ人同士には、暗黙のうちに牽《ひ》かれあうものがあるのではないかと私には思える。三島由紀夫の書き下ろし長篇小説『仮面の告白』や井上光晴の長篇小説『地の群れ』の成功は、編集者坂本一亀の真摯《しんし》な情熱が相手に伝播《でんぱ》し、彼らのなかに潜んでいた力を引き出したのだと思う。

戦時中は皇国少年であったことを、坂本一亀から打ち明けられた人がいる。それは、さもありなんと納得がいくものだ。しかし彼は軍隊体験によって軍隊を激しく憎悪し、その感情は、野間宏の書き下ろし長篇小説『真空地帯』を世に送りだすことによって幾分かが解消されたのかもしれない。ベストセラーにもなり、高い評価を得た『真空地帯』の成功のあと、目を真っ赤に泣きはらしていた坂本一亀を見た、と当時の同僚は証言する。

坂本一亀は涙もろい人であった。彼が掘り出した新人作家高橋和巳《かずみ》が若くして他界したとき、坂本一亀はどれほど泣いたことか。高橋和巳について彼が書いたいくつかの追悼文はどれも感傷の涙で濡れている。高橋和巳には青い炎のような古風な情念があり、それは坂本一亀のなかで絶えず燃えている小さな炎と触れあい、彼らが相対するとき、炎は大きく揺れるのだった。高橋和巳の早すぎる死は、坂本一亀のなかの燃える炎を一瞬かき消した。だから彼は、しばらくのあいだ立ち直れないほど泣くことで自分を支えなければならなかったのだ。

坂本一亀の無邪気で素朴な面が素直に発揮されたのは、小田実《まこと》の書き下ろし旅行記『何でも見てやろう』の場合ではないか。ざっくばらんで、言いたいことを忌憚《きたん》なくしゃべる小田実を、坂本一亀はとても愛していたのではないかと思う。いつも気むずかしい顔をしていた坂本一亀は、小田実が現れると、子供のように邪気のない、人懐っこい可愛い笑顔を見せたのが印象に残っている。

坂本一亀が「文藝」の編集長であったのは、二年たらずの短い期間であるが、彼はその間に中身の濃い凝縮した仕事を残した。半世紀以上前、まだその名が知られていない新人の丸谷才一、辻邦生、山崎正和、黒井千次、日野啓三、竹西寛子などが、すでに誌上に足跡を残している。類い稀なる大努力家だった彼は、寸暇《すんか》を惜しんで同人雑誌を読みふけり、作家の卵たちを集めて、毎月「文藝」新人の会を開き、意見交換を行っていた。坂本一亀はそうした交流のなかで、刺激しあい、競いあう彼らの将来を期待し、次代を担う若者たちに夢を賭《か》けたのだろう。坂本一亀は文学への高い志を抱き、愚直に夢を追うことの出来た時代の最後の編集者だったといえよう。

＊「仮面の告白」のころ　一九七一・二「文藝」

1　戦地からの生還、河出書房入社

坂本一亀について、作家中村真一郎は次のように書いている。[*1]

……坂本一亀は、今や伝説化している、一時代を代表した「編集者」というものの典型であった。

彼には明確な理想があり、自分の編集する雑誌はその実現の場であった。営利を目的とする企業体という性質を、いかに活字文化の責任を自覚する出版社としても無視できないのは当然であるが、戦争直後の日本の文化復興の燃えるような理想主義の一時期は、今日では想像もつかないような、高邁《こうまい》な——屢々《るる》現実離れをした——名編集長を生んだ。その最初は雑誌『人間』に拠る木村徳三氏であり、若き坂本一亀はその殿将であった。

中村真一郎によるこの文は、坂本一亀の全仕事を通じ、つねに一貫していた姿勢について、大きく要約したものと言えるだろう。
「殿将」とは「しんがり」の将という意味であるから、最後の隊の将、すなわち「坂本一亀は戦後の一時代を代表した編集者」として、もはやあとに続く者のない「最後の人物」であることを、中村真一郎は表明したのに違いない。

*

坂本一亀は、一九二一年十二月八日、福岡県甘木《あまぎ》市で生まれ育った。六人弟妹の長男であった。中学時代は「カメさん」と呼ばれて、信望の厚い名級長だった。水泳部の主将で、走ったり泳いだりするのが得意だった。明るく、ひょうきんで、周囲を笑わせていたという。中学を卒業すると上京し、日大の国文科に入学する。（実は旧制高校の受験に失敗し、級長としては友人たちに顔向け出来なくなり、東京に飛び出したらしい。）一九四三年十二月、大学を繰り上げ卒業し、学徒出陣で戦地、満洲に赴く。
息子龍一の著書[*2]のなかに述べられた部分を抜粋してみよう。

……父親のことなんだけど、高校ぐらいになるまではまともに顔を見たことがなかった。まず、いないんです。月に一回ぐらい日曜日に家にいることはあるんだけど、寝てるんだよね、昼ぐらいまで。顔を見ても、こわかったからまともに話せなかった。尊敬もしていただろうと思うけど。

ただ、父親の軍隊の話を聞くのは好きだったなあ。満洲国で歩哨に立っていたら野犬に囲まれて大変だった話とかね。国境を越えたすぐの所にソ連兵がやっぱり火を囲んで野営しているのが見えるんだって。そういう前線に行ってたわけよね。学徒で、敗戦の時、少尉かな。通信隊にいたらしいのね。トントンツーツーというモールス信号が打てるらしい。なんかそれがすごく誇らしかった。


幼い龍一少年の目に誇らしく見えた父、仕事に忙しくてなかなか会えなくても、息子にとって父は畏敬《いけい》の存在であったのだろう。

戦時中の軍国主義とそれに続く軍隊体験とは、当事者の年齢によってずいぶん受け方の度合が異なるものと思われる。

終戦を三十歳で迎えた野間宏や、三十六歳であった大岡昇平らには、状況を充分批判出来る冷めた視点が戦時中から育っていただろう。野間宏の『真空地帯』や大岡昇平の『レイテ戦記』は、当時の彼らの年齢が小説の底辺を支えている。野間宏は日本陸軍の兵営体験から兵営を「真空」とみなして軍国主義を批判し、捕虜となることを拒まなかった大岡昇平は、長い年月ののち、亡き戦友たちへの鎮魂をこめて感動的な大作『レイテ戦記』を残した。

もっと若く、ルバング島で戦い続けて生き残った小野田寛郎《おのだひろお》と同世代にあたる坂本一亀は、やはり小野田寛郎のように捕虜となることを恥辱《ちじよく》と信じ、戦うことに懸命であったに違いない。戦前、戦中の国威宣揚の教育を、純真な少年期の坂本一亀は真摯に受けとめて生きたのだろう。大岡昇平がのち、〝罪悪〟と指摘した日本軍隊の戦陣訓を、この年代の若者たちは、骨の髄まで叩きこまれたものと思われる。彼らは生真面目で純朴な者ほど、まっしぐらに、ひたむきに、死の宣告に他ならぬ戦いに向かって突入していったのだろう。「生きて虜囚の辱《はずかし》めを受ける勿《なか》れ」という日本軍隊の戦陣訓は坂本一亀の人生態度にぴったり一致している。けしてグズグズすることなく、迅速な行動、迷わぬ判断力を持つ彼は、おそらく有能な兵隊であったのではないかと想像される。

帰郷の前の日々について坂本一亀は記している。[*3]

……終戦の日から復員するまでの三カ月間、私は西部軍の復員通信にたずさわりながら、軍司令部のある山腹の三角兵舎において仕事は他人まかせで、終日、小説ばかり読んでいた。中隊長は何も言わなかった。

内地の兵舎のなかで、弟に届けさせた夏目漱石の小説を読みふけっていたという。漱石は彼のもっとも愛読する作家だった。

伝聞では、復員後の坂本一亀は非常に荒れていて、林のなかで一人大声を発しながら竹刀を振り回していたのを見た人がいるという。

終戦は坂本一亀にとっては文字通り敗戦であったのだろう。

戦争が終わって十五年以上たったころ、私は入社したが、その頃、なお坂本一亀は戦中、戦後の気配を濃厚に纏《まと》っていた。終戦を小学校二年で迎えた私に、戦争を語る資格があるかどうか判らないが、坂本一亀が戦争映画に出てくる軍人のように見えたことは強い印象として残っている。

彼は軍人のように語尾を終止形で命令をくだした。

一例をあげればこんな具合である。

「明日ノ日曜、鎌倉ノ川端康成ノ所へユク！　イイナ！」

（私）「私がですか。明日の日曜ですか」

「ソウダ。日曜ダ。俺ハ弟ノ見合イデイケナクナッタカラナ」

「弟さんのお見合いなのですか」（怪訝に）

「ソウダ。イイナ。ワカッタラハッキリ返事ヲセイッ」

「はい」（小さく）

「モット大キナ声デ返事ヲスルッ！」

「はい」

「ヨシッ！」

このとき、私はそばの先輩から、「ああいう時は、わたしも見合いです、と言えばいいんだよ」とあとで言われたことを思い出す。作家の中野重治《なかのしげはる》からは、日曜日の訪問を叱られたものだった。

「今日中ニコノ原稿ヲ読ム！　イイナ！」

「はい」

「読ンダラ感想ヲ付ケテ出ス！」

「はい」

仕事の終わったあと、夜、何時まででも残って命令には従わなければならなかった。

「正月休ミハ自宅デコノ原稿ヲ割リ付ケル！　イイナ！」

暮れに彼はどさっと数百枚の原稿を渡すのであった。

その頃、たびたび社に見えていた篠田《しのだ》一士《はじめ》は、

「ふむ、下士官が見習い士官をしごくようだな」と呟いていた。

坂本一亀自身は、「部下は鍛えねばならぬ」という使命感に駆られていたのに違いない。「スル！」「読ム！」「行ク！」「出ス！」といった終止形の命令用語は軍隊で使われていたものだろう。言葉遣いだけではなく、その振舞いにも坂本一亀には軍人の名残り

があった。

入社してまもない頃、河出孝雄社長と坂本一亀が社の車で出かけるところに擦《す》れ違ったことがある。私が何となく会釈をすると、坂本一亀は顔をまっすぐ前へ向けたままこちらを見ることなく、さっと腕をあげた。それは軍人の用いる挙手の返礼の形と同じだった。私はびっくりし、不思議な気持で車を見送ったのである。

挙手で礼を返された経験は、他にもある。

もう一度は、もっと前の、一九五〇年代のことだ。中学生のとき、私は国電目白駅から十五分ぐらい歩いて通う中学へ通学していた。学習院の前を通りかかったとき、一台の黒い車が校門の砂利道を入り、車の中から一人の青年が降り立った。それは映画や新聞写真で見ていた皇太子（現上皇）だった。セーラー服姿の私たちは「皇太子さまよ」と囁きあって、お辞儀をした。皇太子は軽く私たちのほうへ身を向けて挙手で返したのだった。

挙手の礼が、一部の人にとって日常的であった時代が戦時中あり、戦争が終わってもその習慣が捨てられなかった時期がしばらくあったのだろう。

坂本一亀が挙手の返礼をしたのかどうか真意はわからない。ただ私にはそのように見えたのだった。坂本一亀における戦争の影響とは、もちろんこうした言動に現れているような皮相なもののみではない。彼の精神そのものが、仕事への情熱のありようがまさに挑戦的であったのである。

戦争が終わって荒れ果てた郷里に復員してきたとき、本屋の店頭で購《もと》めた文芸雑誌「近代文学」の創刊号が自分の進路を決めた、というような意味のことを、かつて坂本一亀から聞いた記憶があるが、本人自身も記述している。*4

昭和二十一年、九州の田舎町にひっそり復員していた私は、その後も小説ばかり読みつづけていたが、久しぶりに外出して立ち寄った本屋の店頭で、思わず目を見はったのである。名も知らない新しい雑誌の群れがズラリとならんでいた。かつて親しい思いで読んだ老大家の新作、それもあった。しかし、多くはまったく新しい書き手のものである。そういう一人に埴谷雄高《はにやゆたか》という名があり、『死霊』という連載小説があった。それまで読んできたどの小説ともまったく異なる不思議な訳のわからないような小説。（中略）それは『暗い絵』という小説とその作者についても同じであった。

埴谷雄高の『死霊』は「近代文学」の創刊号から連載され、野間宏の『暗い絵』は「黄蜂《きばち》」に連載されたものである。

文芸雑誌「近代文学」に象徴される戦後文学のなかに、坂本一亀は自分自身の求めているのと全く合致するものを見出したのだろう。

「近代文学」は、一九四五年八月十五日の終戦後、わずか数か月の準備期間をへて、翌年正月に創刊された。冒頭、中村真一郎の文中にある木村徳三編集長による「人間」も同時期に創刊された文芸誌である。

終戦によって召集解除され、帰郷した本多秋五《ほんだしゅうご》や、その高校時代からの友人である平野謙、非合法運動で検挙され、入獄生活の体験をもち、たえず憲兵の監視下にあった埴谷雄高、それに荒正人《あらまさひと》、小田切秀雄、山室静《やまむろしずか》、佐々木基一《きいち》らによって創刊されたのが「近代文学」である。彼らはすべて三十代の壮年であった。

「近代文学」発刊の感動を、中村真一郎は次のように回想している。[*5]

第二次大戦が終わり、はじめて『近代文学』が世に現れた時のあの、「新しい文学の時代来《きた》る！」という感動は、今に忘れることができない。たしか表紙の紙さえなくて、タイトル・ページをそのまま表紙に代用させた、あのパンフレットのような薄い雑誌は、それ以前の暗黒の数年間を、一気につぐなってあまりあるもののように、私たちには感じられた。
その「私たち」のなかには、まだ幾分の健康さを保っていた堀辰雄さんもいて、堀さんはそこに連載された佐々木基一の長篇小説に、非常に快い感激を覚えたと、繰り返し語っていた。（中略）
同時にまた、やはり佐々木さんと並んで、こちらは一面識もないだけではなく、その名の読み方もよく判らない埴谷雄高という未知の人がやはり、従来の日本の小説には見られない、実に明確でヴィジュアルな文体の長篇小説を連載しはじめていた。こちらの方も日本の従来の小説の、いたずらに抒情的で情緒的な文体にあきたりない思いをしていた私などには、目を見開かせられるような新鮮な喜びを与えてくれた。

日本は敗戦を契機として、文学的にも全く新しい時代がはじまるので、その先頭に立って走り出したのが、この雑誌だ、というのが私たちの仲間の共通の感想だった。

いささか長く引用したが、坂本一亀の進路を決定するにいたった「近代文学」の出現が彼自身に与えた感動とは、この中村真一郎の記述によって説明できるものがあるのではないかと思うからである。「近代文学」は一九六四年八月号まで十九年続いて終刊となった。

一九四六年九月、中学時代の友人とガリ版刷りの小さな同人誌を創刊するが、翌年一月、元河出書房社員の紹介を得て上京し、河出書房に入社する。ときに二十五歳。(しかし実はこの上京の裏には、人に言えぬ彼自身の秘めた失意があったらしい。それは実らなかった恋への断念である。彼は両親の猛反対にあい、その恋を諦めざるを得なかった。彼は親から勘当されても、と望んだが、それすらも叶わなかったのである。)

受験の失敗、敗戦の挫折と多くの仲間たちの戦死、実らなかった恋、と次々に襲った失意の感情が、感受性のつよい青年期の彼に陰影を与えなかったはずはない。明るく闊《かっ》達《たつ》だった彼の内面に、複雑な屈折を生じさせたのだろう。彼は自分のプライバシイを極端に押し隠した人であるが、それはきわめてシャイであった彼の傷の深さを推測させるものである。

坂本一亀の回想のなかから、新入社員時代のものを次に抜粋しよう。*6

昭和四十年七月に急逝した社長河出孝雄は、敗戦後の一時期、二十一年の秋から二十二年夏に出社するまでの約一年間、神経痛と痔疾《じしつ》のため赤坂氷川町の自宅で静養をかねながら社務をとっていた。赤坂から駿河台下の社屋まで、自転車を借りて往復出勤していたために腰をいためて痔をわるくしたのである。私が入社した二十二年一月のころは、すでに歩行に不自由はなかったし、内庭をのぞむ居間の廊下に大きな丸火鉢を置き、終日、丹前《たんぜん》姿でどっかと坐っていた。そして、毎夕方やってくる社（当時は「店」と言っていた）の支配人から報告をうけ、各社員が毎日したためる業務日誌をたんねんに読み、それにたいする意見や解答を、くわしく書きしるして返した。そのころ家族はまだ疎開先にあり、宏壮な家の中には新旧社員十人あまりが寄宿しており、私もその一人であった。

敗戦によって当時の東京は焦土と化し、住宅難であったから、焼け残った家に人々が寄宿したのは通常のことであったが、坂本一亀のこの回想からうかがえるのは、まだ近代的に組織化される以前の、個人商店ふうの出版社のありようである。本来、本作りとは、個々人の無私の情熱によってなされるものではないか、という出版の根元についてあらためて問い直させられるものが、このなかにはある。

回想はつづく。

この静養期間こそ社長（当時はまだ個人会社であり社員は一様に「ご主人」と呼んでいた）のまたとない勉強期間でもあったらしい。らしいと言うのは、その実情を私は一度も見たことがなく、というのは、社長は昼間は寝て夕刻または夜に起きていたからでもあるが、ときおり、深夜ちかくに呼びだされて聞かされる話の内容から、あらゆる分野の新刊書や雑誌に目をとおしていることがわかった。新人の論文や小説にまで話題はつきなかった。私は、その知識欲の旺盛さにおどろきもし啓発もされた。したがって二十二年七月の末、社の伝統的な企画である〈書き下ろし長篇小説〉シリーズを起案し、その刊行趣意書を部長をとおして提出したとき、社長の新人作家にたいする理解と認識の深さは、私たちが案じるようなものではなかった。ただ、野間宏を「ぬやま・ひろし」と思い違えていたことから、当時まだ野間氏の作品には接していなかったのかもしれない。

「ハジメカラ売ルコトヲ考エルナ！　イイモノハ必ズ売レルトイウ確信ヲモトウ！」とは坂本一亀のかねがねの持論であった。

坂本一亀は既存の流行作家を追いかけることを嫌い、他の編集者が注目しないような目立たない執筆者に注目し、激励した。彼はたえず無名の人のなかに可能性を探ろうとする努力を続けていた編集者であった。彼が多くの新人作家を輩出させたのは、そうしたたゆまぬ努力の結果であった。そして、そのような坂本一亀の姿勢を背後で支えていたのは、当時、社員からご主人とよばれていた「新人作家にたいする理解と認識」の深い社長河出孝雄の存在であったことを、坂本一亀のこの記述は示している。

河出孝雄社長に私が接したのは、社長の晩年の四年間に過ぎない。しかし河出孝雄がただの営利目的の経営者ではないことは瞭然《りょうぜん》であった。彼が新しい文学や新人の発掘に意欲的で大きな夢を描いている人物であることは、まぎれもない事実であった。

一九四八年、雑誌「近代文学」が同人を拡大し、発売元を河出書房に移したころ、四十七歳の河出孝雄に初めて会った印象を、亡き平田次三郎《じさぶろう》は次のように記している。[*7]

『近代文学』の臨時編集長となって間もない二月のある夜、平田次三郎は河出孝雄から招かれ、まだ焼跡の目立つ赤坂の新築したてと見うけられる小じんまりとした料亭で、河出孝雄と始めて会ったのである。杉森久英《ひさひで》だけが同席した。この招待は編集長と同時に、社の業務の責任者ともなった平田と一度は昵懇《じっこん》に語らいたいというものであった。(中略)目の涼しい人だな、というのが、平田の第一印象だった。鋭いが涼しい。あなたが一番お若いとか。皆さん一癖も二癖もある方々のようだから、これから大変ですな。お話のある時は、いつでもこの私にでも杉森にでもおっしゃって下さい。お力になりますよ……(中略)平田は、河出孝雄に好感を抱いた。頼れる人にちがいない、と直観した。

「頼れる人にちがいない」という平田次三郎の第一印象の直観の正当性は、「その後、赤字を耐えて河出書房自身の倒産まで『近代文学』発行を殆《ほとん》どただひとり支持した河出孝雄」という埴谷雄高の記載[*8]によって証明されるのである。

河出孝雄は香川県三豊《みとよ》郡の出身、旧姓島尾。東北大学卒業後、明治十九年創立の老舗出版社成美堂の経営者河出静一郎の養子となる。昭和四、五年頃から成美堂とは別に河出書房を創設して、文芸書出版を始める。彼は文芸書出版につきものの投機性に揉まれて成功と失敗の浮き沈みを繰り返し、養家をはらはらさせた。……

と、河出孝雄と同郷であった昔の社員が以下詳しく書いている。[*9]

新人作家に対して並々ならぬ関心の持ち主であった河出孝雄にすら、まだその名前を知られていなかった野間宏は、

「はじめて坂本君に会った時のことは、僕もよくおぼえています。これは一つの決定的な出会いでした。」と、のち記している[*10]ので、坂本一亀と野間宏との関わり合いについて、次に取りあげよう。

＊1　第一回文藝賞の頃と現在と　一九八七・十二「文藝」
＊2　『SELDOM-ILLEGAL　時には、違法』一九九一・十二　角川文庫
＊3　戦後の文学②　一九六五・十二「現代の眼」
＊4　戦後の文学②　一九六五・十二「現代の眼」
＊5　「近代文学」と私たち〈近代文学三十周年記念〉『「近代文学」創刊のころ』一九七七・八　深夜叢書
＊6　『名著の履歴書―80人編集者の回想』下　一九七一・十二　日本エディタースクール出版部
＊7　戦後文学再掘⑱　一九七四・三　筑摩版「野間宏全集」月報⑱
＊8　泥と蓮　一九九五・五『虹と睡蓮』未來社
＊9　大西祥治「ある先輩―河出孝雄のこと」一九七七・十一「燧」2号　観一高同窓会東京支部・会誌
＊10　田邊園子宛て書簡　一九六五・八・十六「別冊文藝・野間宏追悼」一九九一・五　河出書房新社

2　野間宏『青年の環』と『真空地帯』

野間宏が世を去って、すでに長い年月が経ち、若い人々の間では、その名も遠のいている。野間宏について簡単に紹介しておこう。

一九一五年二月二十三日、神戸市に生まれる。父は在家真宗の一派の教祖。十歳の時に死別。母によって育てられ、大阪府立北野中学から三高に進み、一九三八年、京大仏文科を卒業。大阪市役所に入り、部落関係の仕事を担当。一九四一年、応召、北支からフィリッピンに赴き、翌年帰還後、思想犯で逮捕され、大阪陸軍刑務所に入った。まもなく監視付きで兵役に戻る。一九四四年召集解除となるが、刑余者のため市役所に復帰できず、軍需会社で働く。富士正晴の妹光子と結婚。敗戦後ただちに「暗い絵」にとりかかり、「黄蜂」に連載。共産党入党。その後、「顔の中の赤い月」「崩解感覚」などの発表を経て、一九五二年、書き下ろし長篇小説「真空地帯」を発表。日本の軍隊機構が人間性を奪い尽くしていく兵営の真空状態を徹底的に描き、高い評価を受ける。毎日出版文化賞を受け、ロシア語、英語、中国語、フランス語、オランダ語、ポーランド語などへの翻訳も行われ、作家としての位置を不動のものとする。他方、長篇小説「青年の環」を「近代文学」「文藝」などの雑誌に発表し、未完のまま、第一部、第二部を単行本として刊行。一九五九年、長篇小説「さいころの空」、一九六二年、長篇小説「わが塔はそこに立つ」を刊行。一九六二年、中断していた「青年の環」を、復刊した「文藝」に連載を始める。六四年、病気のため「青年の環」の執筆を中断し、以後書き下ろしで執筆を続け、一九七〇年夏完成、一九七一年、六部作全五巻（八千枚）として刊行。驚嘆と賞賛を浴び、谷崎潤一郎賞、ロータス賞などを受賞。一九九一年一月、全身の癌転移で死去。死後未完の長篇「生々死々」が刊行される。

ざっとみても、『真空地帯』という作品が、作家野間宏にとってどれほど大きな位置を占めるか、明瞭であろう。その『真空地帯』を世に送りだした若き編集者が坂本一亀であったわけである。二人の出会いは坂本一亀二十五歳、野間宏三十二歳のときであった。

初めて出会ったときの坂本一亀の回想[*1]を紹介しよう。

昭和二十二年夏のひるすぎ、私は、本郷六丁目六の東大赤門前にある法真寺に初めて野間宏を訪ねた。野間さんは境内の一隅の傾きかかった二階家一と間を借りておられた。遅い中食の準備であろうか。戸外の井戸端にしゃがんで野菜を刻んでいた。来意を告げる私を見上げた眼が、はずかしそうに笑った。口もとをぎゅっと締めて、それからおもむろに「ああ……」という声が出てきた。
二階にあがってみて驚いた。落花狼藉《らっかろうぜき》とは、このことであろうか。原稿の丸めたのや鍋釜やエンピツや種々の雑品が畳一面に投げだされたかのように散らばっていたからである。（中略）
「まだ家がないもんで……それに、食糧事情がわるくて、女房たちは大阪に置いてましてねえ……」野間さんはゆっくりと言った。
私の用件は、「近代文学」に掲載されている『華やかな色どり』を単行本にしたいことだった。
「実は、あれは長くなりそうなんで……ええ、二千枚くらいになりそうですねえ……まだ序の口で、最後まであの雑誌がやらせてくれるかどうかもわかりませんが……」（中略）
野間さんは単行本を承諾してくれたが、続編をぜひ書き下ろしでやりたいと言った。
ここに記されている「「近代文学」に掲載されている『華やかな色どり』」とは、以後長い年月を経て、一九七一年一月に完結・刊行を見るにいたった八千枚の巨篇『青年の環』の始まりの部分である。一九四七年夏の段階では、この小説が作者のなかで二千枚くらいの予定だったことが解り、興味ぶかい。

まだ一冊の本も出したわけではなく、もちろん今日のように新人賞をとったわけでもない無名の青年に、雑誌連載が始まったばかりの時点で、出版社が単行本の申し込みをするのは並々ならぬ決断を必要とする。社の経営者にも編集者にも、営利を目的としたものではない、一種の賭けの部分があると言わねばなるまい。

はじめての出会いについて、野間宏の側の記述*2もある。


……坂本一亀は、私が東大赤門前の法真寺に戦後単身上京して下宿していたとき、私を訪ねてこられた。私はそのときのことをいまも生き生きと思い浮かべることができる。私はたしか共同炊事場の水道の栓をひねり、長ねぎを洗っていた。ちょうどそこへ、ひょろりとした坂本一亀が現れ、是非とも御依頼したいことがあると伝えられ、私は、それでは部屋の方へ上ってもらいましょうと、ギシギシ音をたてるような階段を上り、部屋の中に入ってもらった。私の部屋には書物が積み上げられており、縁先には野菜類、乾物、その他食料品が置かれていて、坐る場所とてあまりないともいうべき粗末な部屋だった。

その後、『青年の環』は第二部が杉森久英編集長の「文藝」に連載され、第三部が書き下ろされる予定となるが、野間宏は雑誌発表分を河出書房から二冊の本にしたあと、執筆を中断する。中断したときのことを野間宏はのち、次のように述べている。[*3]

……僕は『青年の環』という長篇小説を、第三部のはじめまで書きすすめて、完結させることが出来ず、苦しんでいた時期がある。長篇小説を計画してそれをすすめることが出来ないとすれば、作家としての才能がないことになる。僕は自分の作家としての才能に絶望させられた。この時ほど苦しかった時期はない。

行きづまった『青年の環』の執筆をそのままに、野間宏は「人間」の木村徳三編集長の依頼により、「真空ゾーン」という題名の小説を同誌一九五一年一月号に発表したのであった。

「真空ゾーン」を読んだ坂本一亀は野間宏を訪ね、直ちにその出版を申し込んだ。さきに、「近代文学」に載った「華やかな色どり」を読んですぐ単行本の申し込みをしたのと同様、彼の行動は迅速である。そこで野間宏は「真空ゾーン」を『真空地帯』と題名を変えて、河出書房から書き下ろし長篇小説として書き上げようと決意することとなる。

以下は『真空地帯』に取り組んでいる野間宏についての坂本一亀の回想である。[*4]

その頃、野間さんは文京区真砂町二五、もとの渡辺一夫先生宅から一軒隣りの借家に移っていた。路地を入った突きあたりのその二階家は、今からみれば無残な陋《ろう》屋《おく》としか言いようがない。しかし、この陽のあたらない二階の書斎で『真空地帯』は書きつがれていった。雑誌は二回限りで、あとは書き下ろしである。

この一作に賭ける作者の気迫はすさまじかった。その年の夏、野間さんは実家で書くといって帰阪した。後日、富士正晴氏の言葉を借りれば、

「あいつは、日に二百匁《もんめ》の肉をぺろっと平らげよってな、その上、卵を十個もすすって書きよるんやもん、たいへんなやつだよ、野間は……」

という環境が必要なほど、あの長篇には人間の体力が注ぎこまれていた。野間さんのお母さんは千日前で食堂を経営されており、このお母さんが毎日の食事を別室を借りている野間さんに運ばれたと聞く。

昭和二十六年の大晦日、私は真砂町の家で九五〇枚の原稿を受けとった。

野間宏もこの時のことを記している。[*5]

……当時ようやく手に入れた真砂町のかたむいた〝貧の斜塔〟とひそかに呼んでいた家の玄関窓およびあらゆる進入路を釘づけにし、居住を大阪に移し、私は単身黒門町の卵屋のはなれを借りうけ、そこに閉じこもって、この長篇九〇〇《ママ》枚を完成

し、二十六年の年末に坂本一亀の手許に渡したのである。

『真空地帯』は日本陸軍の兵営内部を扱った長篇として、戦後の読者に大きな反響を呼び、のち各種の文学全集に必ず収録されるようになった作品である。最初に原稿を受け取り、さらに最初の読者としてこの作品を読んだ編集者坂本一亀の回想[*6]から、この作品が市場に出るにいたる過程を次に紹介しよう。

重い原稿の包みを小脇にし、人の往き来の多い大晦日のたそがれ道をお茶の水まで歩いた。……ほんとに野間さんはよく書いてくれたなあ。……そして、この一年間、この一作だけに打ちこんだ若い作家に、社もよく面倒をみてくれた。社長はえらいな。そんな感慨にふけりながら省線にゆられていた……

ここには「社」が面倒を見たという、「社長」をたたえる記載がある。それは野間宏が執筆に関わっているあいだ、会社が生活の保証をしていたことを示すものである。書き下ろしの場合は、そうでなければ執筆を進められないのだ。

坂本一亀の回想は続く。

翌二十七年の元旦から三日間、割付けに没頭した。その間、自分の体験した二年間の軍隊生活の思い出が、書かれている内容とオーヴァラップして幾度もペンをおかねばならなかった。昭和十八年十二月、学徒動員で入隊した私たちにたいする古年次兵の扱いは特にきびしかった。……それでもお前は大学出かッ、と何かにつけてひっぱたかれ、長い柄《え》の汁杓子で頭を打ち割られ、敬礼がわるいといっては上靴の往復ビンタをくらった自分の映像が、読みすすんでゆく原稿の背面から息苦しいまでに、どうしようもなく浮かびあがってくるのである。

傑作だと思った。とたんにぞくぞくするような嬉しさ（それはおそらく編集者として良い作品を担当したときに抱く嬉しさであろう）が、身内からこみあげてきた。

翌日、出社してからは特急進行で原稿を印刷に廻した。とにかく一日も早くこの長篇を出したいという気持に駆られ、間もなく出てきたゲラ刷りを同僚のT君とともに読み合わせ（校正）したのである。かつて海軍にいた同君は隣りの席で読みあげながら、傑作だねえ、と幾度も唸《うな》っていた。それがまた、私を一層力づけてくれた。……おい、これは初版どれくらいや、五千か。いやいや。八千か。いやあ。一万でいこうか。うん、少なくとも最低一万だよ。校正のあい間に二人は、そんな胸算用を喋りあったりして段々と本のイメージを固めていった。

装丁は、新鋭画家として麻生三郎を選ぶが、まだ一度も装丁をやったことのない麻生三郎は、なかなか応じない。やっと引き受けたが、兵隊の顔を研究してくると言って、

二、三日姿を消したりした。が、表と裏を兵隊の顔で飾った、単色のこの装丁は今見ても傑作である。野間宏の作品の重みと麻生三郎の絵の厚みとはよくマッチしており、以後、野間宏と麻生三郎との組合せはさまざまな出版社が採るようになった。

坂本一亀の回想はさらに続く。

二月中旬、社長室において、夕刻からはじめられた販売会議で『真空地帯』の部数決定がなされた。担当者および編集部長は初版一万部である。しかし……何ということだろう。販売部は初版三千部を主張してゆずらなかったのである。その席で、この作品を読んでいるのは私とT君の二人だけである。編集部長は私たちと同意見であった。私は席上で再びこの作品の粗筋と、その持っている意義を長々と強調した。T君も強く主張した。販売の意見は簡単である。作品の強さや作者の良さを認めることは編集部と同じである。しかし、それがそのまま本の売行きには必ずしも関係しないこと、野間さんの読者を想定した場合、初版三千部で打ち出し、その後の評判によって増刷する販売方針であること、云々。いやちがう、作家のネーム・バリューにとらわれず、良い作品をこそ売るのが出版社のつとめではないか、という私たちと販売部との論戦が二時間余りもつづいた。結局は社長決裁である。

社長決裁は、売る側の販売部に自信がなければ、という前置きで三千部と決定する。

新人作家の初めての長篇小説を出す場合、その作品がどう評価されるか、まったく見当がつかないのは当然である。どんなに編集担当者が傑作だと思っても読者に読まれなければ会社は大損をする。出版社が流行作家や有名作家を追いかけるのは、大損を被《こうむ》る危険が少ないからである。

坂本一亀は続ける。

昭和二十七年二月二十九日『真空地帯』は発行された。どう評価されるだろうか。何かに祈りたい日々がつづいた。そして二週間後、「東京新聞」三月十四日付・梅崎春生《はるお》氏の書評を皮切りに各新聞雑誌がとりあげ、いずれも絶賛した。注文がめだって増えてきた。二千部再版、すぐ売切れ。三千部増刷、即日品切れ。ついに地方小売店からは電報で注文がはいるようになり、一万部を超えた。そうしたとき、社長が、珍しく短兵急《たんぺいきゅう》に言った。

「きみ、造本をフランス装にかえて安くしよう、カバーの絵をそっくり表紙にして……『生活の探求』のときも電報が殺到したものだ」

実に大胆、三八〇円を一挙に二三〇円にしたのである。そうして、部数は十五万を超えていった。〝真空地帯〟は流行語となり、小川町交差点には同名のパチンコ屋まで生まれた。その後、映画化され劇化されるや、部数はさらに伸びた。……一年後、ようやく野間さんは借家住まいを切りあげようとしていた。

そして野間宏自身にものち次のような記述*7がある。

この作品は非常に多くの読者に読まれ、批評もまたつぎつぎと出され、いわゆる『真空地帯』論争をひき起すこととなり、それが引き金となって、さらにまた読者をこの作品のまわりに引き寄せることとなった。そして坂本一亀と私の関係はもはや切り離すことが出来ないような深い関係となり、その後河出書房の倒産によって「文藝」の刊行が打ち切られることとなったのちも、未完の『青年の環』をいかにして完結するかをめぐって、折りにふれて坂本一亀と会い、戦後文学の展望などについても話し合っていた。

野間宏も坂本一亀も人並みはずれて集中力の高い人たちである。くわえて彼らには強い〝使命感〟という共通性があった。野間宏には、自分の体験した日本陸軍の兵営の状態をどうしても書き残さなければならない、という強固な使命感があったであろうし、坂本一亀には、作者がすさまじい気迫をこめて書きあげた傑作を、多くの読者に読ませなければならないという重い責任と使命があったろう。さらに作品の内容が自分の体験した軍隊生活とかさなっていればこそ、いっそうその思いがはげしく燃えたのだろう。野間宏が、坂本一亀との出会いを「決定的な出会いでした」とのちに記すにいたったゆえんである。

『真空地帯』刊行時の日本の時代状況について、杉浦明平《みんぺい》は次のように書いている。[*8]

それはちょうど単独講和発効の年であり、警察予備隊という名の下に外国のための再軍備が進行しはじめるとともに、これに抵抗して平和運動が全国民的にひろがってゆこうとしている時点だった。旧日本軍隊の非人間的な記憶がやや薄らいで、むしろジャーナリズムによって古い日本への郷愁がうたわれる傾向が強まりつつあった時節に、この小説が出現したことは、文字どおり一つの衝撃であった。（中略）もっともこれに先立つ一九五一年には、大岡昇平『野火』、堀田善衛《ほったよしえ》『広場の孤独』等の問題作が出ており、京浜工場労働者集団の詩集『京浜の虹』もこれと前後して出版された。とくに『野火』は、フィリッピン戦線の壊滅したのち日本人の一敗残兵の辿るおそるべき運命を追った作品で、その出現のころには『真空地帯』と並び称せられた……。

坂本一亀には、なお、中断された『青年の環』を完成させなければならない使命が残っていた。野間宏には中断した長篇がいくつかあるが、『真空地帯』の完成のあと、「『青年の環』にもう一度かえらなければならない」[*9]と表明した野間宏自身にとっても同様であったろう。

二十年のち、坂本一亀から担当をバトンタッチした私が野間宏の『青年の環』の完結原稿を受け取ったとき、坂本一亀の、作者と読者にたいする長い長い使命は果たされたのであった。そのことについては後に記そう。

『青年の環』が完結したとき、作家野間宏について、私が「偉大なエゴイスト」と記した[*10]ことを野間宏は気にして、

「僕はエゴイストだろうか。『真空地帯』を書いているとき、僕の子どもが疫痢《えきり》で入院して死にかかっていたが、僕は『真空地帯』に打ちこんでいたので、病院に一度も行かなかった。僕の母親は僕のことを父親の資格がないと言っていたが」

と自問するように言った。

　通常の人々は、わが子が重体に陥れば原稿が書けなくなるのである。子どもが交通事故にあったから、妻が入院したから、飼い犬が死んだから、と約束の原稿を断わってきた執筆者たちを何人も知っている。原稿を書くことは精神の働きと密接に関わっているから、気持が落ちこんでいては書けなくなるのが当然である。

　しかし坂本一亀が上司であったとき、そういう執筆者の報告をすると、彼はあからさまに不機嫌な表情をした。彼には許容しがたいことだったのかも知れない。

　わが子の生死よりも『真空地帯』の執筆のほうに気持が集中していた野間宏は、凡人の私から見れば、やはり「偉大なエゴイスト」なのである。

　坂本一亀は一九五一年の大晦日に『真空地帯』の原稿を受け取って、正月休みを返上

して割付けに取りかかり、二月二十九日に本は刊行されたという。

息子龍一の誕生は一九五二年一月十七日と彼の年譜にある。父親が『真空地帯』のゲラ刷りに取り組んでいたさなかに、一人っ子の坂本龍一はこの世に生まれでたことになる。

辰年の一月にあやかって龍一と名づけたのだろう。しかし坂本一亀と野間宏のあいだでは、互いの家族の安否などまったく話題にのぼることはなかったに違いない。

*

野間宏と、編集者坂本一亀との最初の結びつきを紹介したが、野間宏の没後十年を記念して刊行された野間宏の『作家の戦中日記』（藤原書店）の出現は、私に新たな感慨をもたらした。ここには軍隊時代のメモも収められ、『真空地帯』の材料になるものと見られて貴重であるが、何よりも圧巻なのは、三高から京大時代の数年間にわたる、一八〇〇枚に及ぶ膨大な量の、一人の若者の煩悶《はんもん》の記録である。

野間宏は友人たちから〝野獣〟と呼ばれ、おぞましい痴漢行為に明け暮れながら、逮捕を免れた性犯罪者だったのだ。公衆便所の盗視の常習、人目を忍んで汲《く》み取り口を開け、覗《のぞ》き見に興奮する猥雑《わいざつ》さ、くりかえされる若い女への尾行と露出狂（性器）、「淫らな変態性欲者」と自嘲し、劣等感に苦しみ喘《あえ》ぐ若者の姿には戦慄を覚えるが、哀れを誘うものでもある。警察に突き出されることを恐れ、追いつめられると開き直って急場を切り抜ける手口の鮮やかさ、一方で「つかまってしまいたい」と願う苦悩。

ここには野間宏という一人の作家の根っこがあり、野間宏を論じるとき、無視できない原点がある。現実の野間宏に接しているとき、不可解な謎であったものが、なるほどと解明されていく謎解きの面もある。十代から二十代にかけての人格形成期に、人目を避けて繰り返されていた行動が、その人間に影響を与えぬはずはない。彼は、疎《うと》ましい暗い過去をひきずる人だった。性犯罪は、本人の教養や学歴とは関係ないと言われるが、まさに証明された思いがする。

彼が戦時中、思想犯として刑務所に入れられたことは、輝かしく名誉な経歴ではあるが、わいせつ罪で何度も投獄されていたら、野間宏のイメージはまったく異なるものになる。彼は〝人権擁護〟を標榜する作家としての自分を、みごとに作りあげていたのだった。

坂本一亀は、おそらくこの記録を知らずに逝った。私は坂本一亀に伝えたかったが、病気の坂本さんには伝えないほうがよい、という心優しき男性たちの忠告に従って、自分を押しとどめたのだ。

しかし私は坂本一亀に伝えたかった。坂本一亀は、『真空地帯』の出版と成功によって、恥ずべき過去を抱えた一人の男を劣等感から解放し、作家としての自信を与え、大きな一歩を踏みださせた〝功労者〟であったと。

＊1　戦後の文学③　一九六六・一「現代の眼」
＊2　「文藝」と私　一九八二・十二「文藝」
＊3　不思議な環　一九五八・二「群像」
＊4　戦後の文学③　一九六六・一「現代の眼」
＊5　「文藝」と私　一九八二・十二「文藝」
＊6　戦後の文学④　一九六六・二「現代の眼」
＊7　「文藝」と私　一九八二・十二「文藝」
＊8　『真空地帯』解説　一九五六・一　岩波文庫
＊9　『真空地帯』を完成して　一九五二・六「近代文学」
＊10　『青年の環』を担当して　一九七一・四　図書新聞

3

椎名麟三『永遠なる序章』

一九四五年に長い戦争が終わり、荒廃した瓦礫《がれき》と焦土のなかで人々は立ち上がった。物質的な貧しさの極まったとき、逆に人は精神の充足を希求する。敗戦後の苦しい状況のなかで挙《こぞ》って読まれた書物は、そうした人々の飢餓感を満たすものであったろう。

このころは、長崎の被爆体験から自身を実験台に原子病の研究につくした永井隆の『この子を残して』(講談社)や、日本戦没学生の手記を集めた『きけわだつみのこえ』(東大出版部)や、笠信太郎の啓蒙書『ものの見方について』(河出書房)など、生真面目な本が、ずらりとベストセラーにあがっている時代なのである。

野間宏の『真空地帯』も、このような時代状況のなかで読まれつづけた小説であった。椎名麟三の小説が戦後から一九五〇年代にかけて、よく読まれたのも、この時代に生きた人々が求めていたものと作品の主題が合致したのだろう。

現在では知る人の少なくなった椎名麟三について、簡単に紹介しておこう。

一九一一年十月一日、兵庫県に生まれ、大阪で育つ。中学三年のとき、家庭の事情から家出、飲食店の出前持ち、見習いコック、果物屋の店員などの職を転々とし、独学で「専検」の試験に合格。十八歳のとき、宇治川電気鉄道に入社し、労働運動に従事、日本共産党党員になるが、一九三一年、検挙される。獄中、ニーチェ、キルケゴール、ドストエフスキーなどを耽読。一九三三年、上京。鉄工所に勤めながら、同人雑誌に習作を発表。一九四七年二月、「展望」に短篇「深夜の酒宴」を発表。その後、「重き流れの中に」「深尾正治の手記」などを発表。一九四八年六月、書き下ろし長篇小説「永遠なる序章」を発表。戦争で義足となった主人公と、軍病院で知り合ったニヒリストの軍医将校が登場する。主人公は結核と心臓病で死が迫っていることを病院で宣告される。とたんに彼は生きることを新鮮に感じ、歓喜を覚え、人々への愛を感じ、組合のデモの最中に死ぬ。死という極限に面して、日常性への愛を導きだすという主題を描き出した。一九五一年に受洗。書き下ろし長篇「赤い孤独者」、一九五三年、長篇小説「自由の彼方で」、一九五五年、連載小説「美しい女」で芸術選奨文部大臣賞を受ける。心臓病に苦しみ、一九六九年、書き下ろし長篇「懲役人の告発」を最後に、一九七三年三月、死去。

椎名麟三の文学歴を見れば、書き下ろし長篇小説『永遠なる序章』が、作家としての足場を固めた作品であることが瞭然である。

その全原稿は二十六歳の編集者坂本一亀が受け取ったものであった。そのころ、坂本一亀は単独でドストエフスキー全集、スタンダール全集、ボードレール全集を担当し、すべて改訳の生原稿であったという。その原稿督促、整理、割りつけ、校正、装丁などを全部一人でやらねばならなかったとは、相当な激務である。のち坂本一亀が部下の若い編集者たちに、これでもか、これでもか、と仕事を押しつけ、こき使ったのは、自分の通った道を体験させようとしたのかも知れないと思えてくる。

『永遠なる序章』についての坂本一亀の記録のなかから一部を抜粋[*1]しよう。

昭和二十三年の三月が終ろうとしていた。椎名氏の原稿は、少しずつ少しずつ進捗した。すでに三百枚に近かったが、まだ渡せないという。私には五月打ちだしの至上命令がある。作者の方でも、予定がのびればのびるほど物心両面の負担は重くなるばかりである。椎名氏にも、私にも、あせりがはっきりと現れてくる。だが、三畳の部屋におけるあの猫背姿の作者を見るとき、私は何も言えなくなるのだった。すみません、すみません、という椎名氏の眼のふちには、目やにがいっぱいたまっている。連日徹夜状態である。埴谷氏の言う、そのドストエーフスキイそっくりの顔が泣いている。

「場所をかえませんか。どこか、いい所をさがします。気持が一新するかもしれませんから……」と私が言う。

「いや、ぼくは、ここが一番いい。それに、もう、追いこみだから……」

「いや、追いこみだから、なおのことです。そうしましょう」

「でも……きみに迷惑をかけるから」

　思いあまって提案した私の言葉にも椎名氏は尻込みした。それまでも、ときどき、梅崎氏を誘っては三人で新宿へ出かけ、ハモニカ横丁の屋台街へ気ばらしに行ったことがある。（中略）

四月二十七日（火）午後、椎名麟三氏訪。完結原稿受領す。帰途、高橋忠弥氏訪。『永遠なる序章』装幀依頼。

　ついに出来た三三一枚。先にもらった二八〇枚は社長が読みたいというので渡してあった。ぜひ読後感をききたかったので、夜、社長の居間に行った。……なかなかいいねえ。傑作だ、と社長は言った。うれしかった。社長はつづけて、校正の折もう一度みせてほしい、二、三用語上ひっかかる箇所がある、と言いたした。そのことを椎名氏に伝えたところ感激して「よかった、よかった」と幾度も氏は呟いた。

　複写機のなかった時代の苦労がうかがわれる記述である。書き上げた原稿は一通しかない。先に受け取った二八〇枚が社長に渡されていたなら、椎名麟三は手元に原稿がないまま残りの五〇枚を書き続けたことになる。今ならば少しずつ受け取ってすぐコピイをとって作者に戻せばすむことだ。原稿は何人もの人々が読むことが出来る。

原稿の揃ったその日の帰りにすぐさま本の装幀を依頼しに行くのは、いかにも坂本一亀らしい。彼はいつも迅速に仕事を進める編集者であった。そして自分の配下にある者たちはすべて同様でなければならなかった。

文中、梅崎氏とあるのは梅崎春生で、この〈書き下ろし長篇小説叢書〉の執筆メンバーに入っていた作家である。

さらに坂本一亀の回想を引用する。

昭和二十三年六月下旬、社の編集室の一隅で、ひろい額から伝い落ちる汗をふきふき、椎名麟三氏は、献本署名のペンを走らせていた。作者の処女長篇であり〈書き下ろし長篇小説〉シリーズの第一弾である『永遠なる序章』刊行の日である。同月十三日、太宰治の入水死事件があり、文壇はもとより世人もなお、まだその話題の渦中にあった。（中略）
……署名のペンを走らせている椎名氏の顔付は緊張こそしているが、もう、つい数ヵ月前の二進《にっち》も三進《さっち》も行かなかったころの泣き顔ではなかった。おれはやった、という自信さえうかがわれ、私は、ドストエーフスキイが笑っている、と思った。署名が終わると、椎名氏は一冊を私に差しだし「ありがとうございました」と言い、ほんとうにニッコリ笑った。

戦争で負傷し、下士官で敗戦をむかえた義足の男を主人公にして日常性の重みを問いかけた『永遠なる序章』は、椎名麟三の最初の長篇小説として好評を呼び、のち「椎名麟三の初期の仕事のピークをなすもの」と評される[*2]にいたっている。

当時をふりかえった椎名麟三の文[*3]を次にかかげよう。この原稿はたまたま私が椎名氏に書き下ろしの思い出を依頼し、受け取ったものであった。

端的にいえば、書き下ろしというのは、私にとってはこわいのだ。この事情は、出版社にとっても同様だろう。つまり作家にとっても出版社にとっても一つの冒険なのである。当然そこには作家の側にも出版社の側にも、その冒険をやってのけるだけの情熱が、しかも情熱の持続が必要なのである。私が昭和二十三年、『永遠なる序章』を河出書房から書き下ろし叢書の一冊として出すことのできた事情を思い出してそう考えるのだ。（中略）

私は、書いているうちに、幾度か自分自身の才能や作品についても絶望した。本来私自身、絶望の名人にでき上っているのだから仕方がない。それにもかかわらずその作品は出来上がってしまったのだ。私より情熱をもった人間がいたからである。もちろん去年なくなった社長の河出孝雄氏が、その人間をバックアップしていたということもあるかも知れない。しかしいくらバックアップされていても、単なる仕事としているかぎりは、そんな情熱がその人間に生まれて来るわけはない。何故なら情熱というのは、他によるものではなくて自分自身の内面から出て来るものだからだ。そしてその叢書に執筆した作家も、恐らく生涯にわたって、その情熱、そして、その人間を忘れることはできないだろう。その人間とは、編集担当者のS君のことである。(中略)

私には、そのころのS君の姿をありありと思いうかべることができる。いまでも彼はやせているが、当時もやせていた。一見ひ弱そうだが、心のおそろしくしっかりした男だ。その彼は、ほとんど一週間に一度は、姿を見せるのである。督促するためではない。何故なら「どれだけできましたか?」なんてたずねたことはないからだ。私の方が、あわてて、これだけしかできないと報告する始末なのだ。彼は、微笑をうかべながら坐っている。まるで真の情熱というものはかくあるべきだというふうにだ。少しでも私が弱音をはこうものなら、例のやさしい愛情のあふれた、しかし気魄のこもった口調で、私をはげましてくれたのである。彼は、私のではなく、未知数である作家というものの可能性を信じているというふうにだ。しかも神経質なほど私の家の経済生活まで配慮してくれたのであった。むろんその叢書に執筆している作家は、私だけではない。だから私は、この書き下ろし叢書がおわったら、彼は倒れてしまうのではないかと思ったほどであったのだ。

(中略)いわば彼に出会えたことは、私にとって幸運だったのだ。むろん私は、彼への感謝の意味でこんな文章を書いているのではない。むろんそれもあるが、少くともわが日本では、多くの作品が、編集者の協力によって生れているという、いい古された事実を述べただけだ。『永遠なる序章』は、いい作品であるかどうかは、私にはわからない。ただ、ひどく売れたということについて、S君へのわずかな慰めを感じたということだけはいえるだろう。

この原稿の「S君」というところは、当初「坂本君」と書かれていた。また「『永遠なる序章』は、坂本君が書いたといっても言過ぎではない」というような意味の行が入っていた。私がこの原稿を上司の坂本一亀に見せると、彼は「ダメダッ！」と言い、むずかしい顔付きでその行を削り、「坂本」というところを「S」と直したので、私はそのころはまだ電話のなかった椎名麟三の家にもう一度原稿を持参し、直した部分の了承を得なければならなかった。

椎名麟三は、
「せっかくほめたのに、どうしていけないのかなあ」
と首をかしげて、不服そうだった。

＊1　『名著の履歴書―80人編集者の回想』下　一九七一・十二　日本エディタースクール出版部

＊2　本多秋五『物語戦後文学史』一九六〇・十二　新潮社
＊3　『永遠なる序章』のころ　一九六六・一　河出・書き下ろし長篇小説叢書　月報2

4　三島由紀夫『仮面の告白』

息子の龍一が幼いころのことを、その著書[*1]のなかで語っている。

家に来ていた作家でよく憶えているのは、小田実と高橋和巳。小学校のときからよく来ていた。朝まで飲んでいるわけ、ワーワー言って。あと、電話なんかでカッコいいなと思っていたのは、埴谷雄高と椎名麟三と大岡昇平。父は酒飲んでいない時は非常に丁寧な言葉を使うんだけど、酔っぱらってくるとメチャクチャになってくるのね。なんだ貴様！　とか言っちゃうわけ。作家に（笑）。酔っぱらっちゃってて。水上勉さんに、水上！　なんだ、お前のあの作品は！　とか言って、小説書きなおせ！　とか怒鳴ったりしてね（笑）。すごいよね、今から考えたら。三島由紀夫の『仮面の告白』を担当した編集者なんだから、すごいっていえばすごいんだろうけど、子供心には、とにかくこわいっていうだけの印象だったなあ。

〝こわい〟父親、〝すごい〟父親、時に〝カッコ〟よくて、時に〝メチャクチャ〟であった父親の坂本一亀が、三島由紀夫の『仮面の告白』を世に送りだした一九四九年、坂本一亀は二十七歳で、坂本龍一はまだこの世に生まれていなかった。私は小学生だったから当時の本の反響を知らない。私が『仮面の告白』を読んだのは、一九五三年に出た角川書店版の昭和文学全集で、大岡昇平と二人で一冊になっているものだった。高校生のとき読み、強い衝撃を受けた。三島由紀夫を読みだしたのは『仮面の告白』がきっかけであり、最初の印象が大きかったせいか、今でも三島由紀夫の作品のなかでは『仮面の告白』を一番好んでいる。

『仮面の告白』が世に出たとき、三島由紀夫は二十四歳だった。その十三年後、三島由紀夫宅を仕事で初めて訪れたとき、私が『仮面の告白』の愛読者であると告げると、三島由紀夫は、

「僕もあの作品は好き」

とにっこりし、そしてなつかしそうに言った。

「坂本さんは良く出来た人だね。僕の『仮面の告白』を出してくれたころとちっとも変わっていないよ。白髪がふえても永遠の青年だよ。書き下ろしは孤独な作業でね、今の僕にはとても耐えられないよ」

「坂本さんはいつも裸の皮膚をさらして生きている人ですね」

「そう、そう」

「傷つくでしょうね」

「そりゃあ傷つくよ。いつだって傷だらけだよ」

と『仮面の告白』の作者は答えた。坂本一亀は〝仮面〟から遠い人である。そして三島由紀夫自身も。

三島由紀夫の著書[*2]から『仮面の告白』について書かれた部分を抜粋しよう。


青春の特権といえば、一言をもってすれば、無知の特権であろう。人間には、知らないことだけが役に立つので、知ってしまったことは無益にすぎぬ、というのは、ゲエテの言葉である。どんな人間にもおのおののドラマがあり、人に言えぬ秘密があり、それぞれの特殊事情がある、と大人は考えるが、青年は自分の特殊事情を世界における唯一例のように考える。

ふつう、こういう考えは詩を書くのにはふさわしいが、小説を書くのには適しない。「仮面の告白」は、それを強引に、小説という形でやろうとしたのである。だからあの小説では、感覚的真実と一知半解とが、いたるところで結びついている。(中略)しかし結局、今になってつくづくわかるのは、あの小説こそ、私が正に、時代の力、時代のおかげでもって書きえた唯一の小説だということである。

従って、この小説を書いたときの私の意気込みたるや大変で、最長九枚、最短一枚の十八種類にわたる序文を書き、とどのつまりは、とうとう序文はつけないことにしてしまった。

十八種類もの序文を書いて、結局つけないことにしてしまったとは、若者の意気込みがあふれていて微笑ましい。二十三歳の青年作家に、出版社が書き下ろしの長篇小説を依頼するのは英断が要る。依頼を受けた作家はどんなに励まされることだろう。

このとき書いた幾つもの序文は、その後、『新潮日本文学アルバム　三島由紀夫』（一九八三年）や『新文芸読本　三島由紀夫』（河出書房新社　一九九〇年）などに原稿の写真が掲載されているから、破棄することなく保存していた作者の愛着心を物語るものである。「時代の力、時代のおかげでもって書きえた唯一の小説」というのは、長い、暗い戦争が終わって、〝死〟から〝生〟に向かって解き放された時代という意味だろう。三島由紀夫もまた、死と隣り合わせに青春を過ごした若者だった。

さらに三島由紀夫はつづける。

その前の最初の長篇小説の試作「盗賊」でもそうであったが、こんな風に、意気込みが大きすぎたために、私はスタミナの配分をあやまってしまった。（中略）「仮面の告白」の前半の密度と後半の荒っぽさの、だれにもわかるはっきりした対照について、神西《じんざい》清氏はまことに好意ある解釈をして下さったが、私にわかってい

> ることは、それは単純な技術的失敗であって、後半の粗さは息もたえだえに疲れてきて、しかも締め切りを気にしすぎたことから起こったということである。
> 　いよいよ、何とかこれを書き上げて、寝不足の目をしょぼつかせて、河出書房の坂本一亀氏に、三百四十枚の原稿を手渡したのは、昭和二十四年の四月二十四日、場所は御多分にもれず、神田の「ランボオ」であった。
> 　これを書いたことは、大いに私の気分を軽くし、また妙に自信をつけた。（中略）「仮面の告白」のような、内心の怪物を何とか征服したような小説を書いたあとで、二十四歳の私の心には、二つの相反する志向がはっきりと生まれた。一つは、何としてでも、生きなければならぬという思いであり、もう一つは、明確な、理知的な、明るい古典主義への傾斜であった。

　この文章は三島由紀夫三十八歳のときのものだ。三島由紀夫の快活さが現れていて読んでいて楽しい。余裕があって明るく、誰が七年後の悲惨な最期を想像できたことだろう。

　神田の「ランボオ」で坂本一亀に原稿を渡していた三島由紀夫の姿を、武田泰淳が目撃していて、のち三島由紀夫の追悼文[*3]のなかで記している。

　最初の書きおろし長篇「仮面の告白」を出版社に手わたすとき、神田の小喫茶店の暗い片隅で、私はそれを目撃しました。紫色の古風なふくさから、分厚い原稿の束をとり出すあなたは、顔面蒼白、精も根もつきはてたひとのように見え、精神集中の連続のあとの放心と満足に輝いていました。「一日三枚がいいところだ」「一週間、温泉宿にいて一枚も書けなかった」。そのころ、あなたはそう語っていた。

……

武田泰淳は、「ランボオ」で働いていた百合子さんとのち結婚することになるので、この頃は足しげく通っていたのかも知れない。

締め切りを気にしすぎて後半が粗くなった、と三島由紀夫は書いているが、編集者坂本一亀の督促の厳しさには定評がある。

私が坂本一亀編集長の配下にあった時は、あまりにも「督促スル！　督促センカッ！」という軍隊式命令がはげしいため、その通りに従っていて相手からうるさがられて怒られたことがある。私の督促の仕方が下手だったのだろう。もっと驚いた経験は、それまであまり編集者から督促されたことのなかった或る中年の男性詩人が、自分が若い女の子から追いかけられているように錯覚し、変てこりんにヤニさがってしまったことである。私は自分がそんなふうに誤解されていることにまったく気づかないでいたが、本人が言い触らしていたために噂が拡がり、同僚の女性からその噂を知らされてびっくりした。私は以後その相手への督促を止めてしまったが、相手の誤解を解くことが出来ず閉口した。しかし坂本編集長からは、原稿がとれないことを厳しく叱られる結果となったのだった。

次に坂本一亀の、『仮面の告白』のころを記した回想の一部を掲げよう。[*4]

国電四ツ谷駅前の大蔵省木造庁舎に、同僚の志邨《しむら》孝夫君とともに三島由紀夫氏を訪ねたのは、昭和二十三年の八月下旬だった。その日は土曜日で、指定どおり正午まえ十分頃に行った。作者はもちろん、版元も社の伝統的企画として力を注いだ〝書き下ろし長篇小説〟の執筆依頼である。三島氏はふたつ返事で快諾した。このシリーズの第一回・椎名麟三氏の『永遠なる序章』は二カ月前に刊行されている。三島氏は……ちょうど長篇を書きたいところであった。自分はこの長篇に作家的生命を賭ける、ということをハッキリした口調で語った。そして、これを機会にこをやめるつもりだ、という。

正午のベルが鳴った。間髪をいれず、三島氏は机上の書類を抽斗《ひきだし》のなかへたたきつけるようにして投げ込み、立ちあがって「出よう」と大きな声で言った。外に出て「食事しようや、前祝いだ」という三島氏につれられて銀座に行った。氏の推奨する、すばらしくうまいハンバーグステーキをたべた。

坂本一亀は、当時、季刊同人雑誌「序曲」の編集担当をしており、三島由紀夫は創刊号の編集当番であった。書き下ろし長篇の進行と関連して往来は頻繁になっていた。その冬は三島の方から社を訪れることが多く、正午から夕方近くまで編集室の一隅で股火鉢をしながら雑談に興じたこともあったという。

季刊同人雑誌「序曲」は一九四八年十二月に発行され、創刊号のみで終わった。経済的に引き合わなかったからである。

巻頭第一頁には同人として、埴谷雄高、武田泰淳、中村真一郎、梅崎春生、野間宏、船山馨《かおる》、寺田透、三島由紀夫、椎名麟三、島尾敏雄、の十人の名前が並んでいる。

この雑誌の座談会のなかで三島由紀夫は、

「僕は、はつきりいふとスペインの画描きのやうに血に飢ゑてゐるんだ。血をみたくてしやうがない。これは自殺者が沢山出て来ても一向血なまぐさくない椎名さんの文学と僕の文学観とのギャップだと思ふが、お祭が血をみないとをさまりがつかないやうなもんだ。」

と言い、椎名麟三はこれに対して、

「血をみたくないから文学があるといふのは、真実ぢやないかしら。」

と返している。

この二人の作家の明瞭な相違点が浮き彫りになる発言が、ここにある。

『仮面の告白』の原稿を受け取ったときのことも坂本一亀は記している。

『仮面の告白』三四〇枚の原稿は二回に分けて受領した。三月上旬に二五〇枚と四月下旬に残り全部である。当初の締切り予定は二月一杯であったが、筆を下ろしてから前後五カ月かかったことになる。追込みにはいる時点では連日徹夜状態であり、その督促ぶりのはげしかったことを、三島氏は例の哄笑をまじえながら後々まで私をからかった。「後半の粗さは息もたえだえに疲れてきて、しかも締め切りを気にしすぎたことから起こった」と氏は書いているが、最終原稿を受けとった日、私はただ頭を下げるしかなかった。（中略）

書き終えてから三島氏は自序をつけるかどうかにたいへん迷ったらしいが、結局つけないことにし、そのかわり〝書き下ろし月報〟に「『仮面の告白』ノート」を書いてもらった。その冒頭に氏は、

「この本は私が今までそこに住んでゐた死の領域へ遺さうとする遺書だ。この本を書くことは私にとつて裏返しの自殺だ。飛込自殺を映画にとつてフィルムを逆にまはすと、猛烈な速度で谷底から崖の上へ自殺者が飛び上がつて生き返る。この本を書くことによつて私が試みたのは、さういふ生の回復術である。」

と記している。

この本は二十四年七月五日に出た。

『仮面の告白』は永遠の青春の書であるだろう。『仮面の告白』を卒業論文に選んで、

八十歳に近い晩年の坂本一亀を訪ね、二時間にわたって当時の話を聞いた早大の学生（井関英明）がその時のことを綴った文のコピーを送ってくれた。私が僅《わず》かに仲介に関わったからである。

坂本一亀は、三島が雑誌の広告用に書いた文章の、発表されなかった続きの文を手書きで写しとってあり、青年に見せたそうだ。作者の言い訳じみた説明が気にいらなかったので坂本一亀自身がカットしたのだという。気にいらないからカットした部分を、わざわざ写しとって半世紀以上も保存し、初めて会った青年に読ませて昔を語るのも、また坂本一亀の隠れた一面であるだろう。彼はおそらく青年の無垢《むく》な純真さにふれて、素直に胸襟《きょうきん》を開いたのだ。そしてさらに彼は語ったという。

「僕にとって戦後は余命だった。もう戦争で死んだという感じがあって、戦後は余命にすぎなかった。でも、多くの同世代の仲間が死んで、その余命は彼らのためにもがんばらなければならないと思った。それで河出に入って同世代の若者を育てたいと思った」と。戦争で仲間を失って生き残った世代の人々から、同じようなことを聞くことがある。それはあとから付けた理由だとも言えるが、重い真実でもあるのだろう。

＊1　『ＳＥＬＤＯＭ－ＩＬＬＥＧＡＬ　時には、違法』前出
＊2　『私の遍歴時代』一九六四・四　講談社

＊3　三島由紀夫の死ののちに　一九七一・一「中央公論」
＊4　「仮面の告白」のころ　一九七一・二「文藝」

5

中村真一郎『シオンの娘等』など『死の影の下に』連作

一九五二年、三十歳を迎えたとき、書き下ろしシリーズがほぼ終わり、三年前から開始され、戦後最初の文学全集といわれた「現代日本小説大系」六十五巻が完結した年、坂本一亀は過労により肺浸潤で倒れた。しかし、何かに追われでもしているかのように、三日間の休息で出社したという。ずっとのち私が入社したころも、坂本一亀は何かに急《せ》き立てられるように仕事に向かっていたことを思い出す。

いつでも命を捨てる覚悟で、といった悲壮感と気迫をもって坂本一亀は仕事に突き進んでいた。坂本一亀を追い立てる「何か」とは、多分、晩年になって初対面の若者に胸襟を開いて語ったように、「僕にとって戦後は余命にすぎなかった。多くの仲間が死んで、余命は彼らのためにも頑張らなければ」という意志に突き動かされていたのだろう。

野間宏の『真空地帯』や椎名麟三の『永遠なる序章』や三島由紀夫の『仮面の告白』など、それぞれの作家の傑作といえる作品を、同時期に矢継ぎ早に出版できたのは、戦争という長い抑圧から解放された直後の時代状況のなせるものも大きいが、加えて、一人の、命を賭けた気概と情熱を持った若い編集者に対し、若い作家が精神を高揚させ、精一杯の力と情熱で応えようとした結果であるとも言えるのである。

戦時中の軍隊という極限状況を体験して帰国した坂本一亀には、逆に弛緩《しかん》した日常というものが耐えられなかったのかも知れない。

二十九歳の青年作家中村真一郎との最初の出会いは、坂本一亀入社の年である。*1


――私が中村さんとはじめて会ったのは、昭和二十二年九月三十日、雨もよいの午後であった。二階の編集室で「スタンダール全集」の一巻『イタリア絵画史』を割付中であった私の横で「中村です……」というぶっきら棒な声をきいた。色の浅黒い、やせてはいたが背のおそろしく高い童顔の青年である。

私はしかし、初対面のこの作家に、何か初めて会ったという気持がしなかった。それはすでに八月に信州千ヶ滝あてに書き下ろし執筆の依頼状を出し、それにたいする長文の返事をもらっていたからであろうが、この作家（いや、この評論家というべきだろうと当時は考えていた）のことを、それまでに私はたびたび聞かされていたためもあった。……当時、赤坂の社長の家は著者をまじえた編集会議の場であり、また、地方から上京してくる著者の宿泊所にもなっていた。そのころまだ東北大学にあった桑原武夫氏は、上京のたびによく泊っておられたのである。氏はそのつど、在京の若い作家、ことに野間さんや梅崎さん、そして「近代文学」の評論家諸氏、さらに同学の河盛好蔵《かわもりよしぞう》氏らを呼んで酒宴を張られた。痔疾と心臓病のため一滴も飲まなかった社長は、そういう会合が好きであり、ことに若い文学者の話題と主張に、つとめて耳をかたむけていたようである。花柳界に近い赤坂の仕出し料理、酒の燗は私の役目であった。……いつの時であったか徹夜状態で飲み、河盛氏が盛んに喋っておられた。主として『1946・文学的考察』の著者たちについてである。その豊富な読書歴と該博な知識、斬新な感覚と表現の鋭さ等々、あげくには、もうこういう若い文学者が現れたからには、自分の限界は知れた、などという賛嘆ぶりである。桑原氏は傍らでにやにやして聞いておられ、社長はホーと言ってうなずき、私はすぐその本を読もうと思っていた。（中略）――その後、私はつづけて『文学的考察』と雑誌「高原」のバック・ナンバーで『死の影の下に』（のちに真善美社刊）をよみ、これまでにない強烈な読書体験をもった。

文中、『1946・文学的考察』とあるのは、加藤周一、中村真一郎、福永武彦ら三人の共著で、一九四七年、真善美社から出た。東大生を中心とした雑誌「世代」に一年間にわたって連載されたものを本にしたものである。

また雑誌「高原」とは、一九四六年八月に創刊された季刊文芸誌。信州に疎開していた山室静、堀辰雄、片山敏彦、田部重治《たなべじゅうじ》、橋本福夫らが出し、当時としては豪華なものだった。福永武彦、室生犀星、田中冬二《ふゆじ》、加藤周一、原民喜、中村真一郎、遠藤周作などが執筆し、二年後、第八輯《しゅう》で終わった。出版社は東京の鳳文《ほうぶん》書林で印刷所は長野だった。

坂本一亀は『死の影の下に』につづく第二部『シオンの娘等』を書き下ろしシリーズに加えて、一九四八年十二月に出版する。これは椎名麟三の『永遠なる序章』の増刷ぶりほどではなかったが、初版は売り切り、第三部『愛神と死神と』は「文藝」連載であったため、続けて刊行された。坂本一亀は続く第四部『魂の夜の中を』と第五部『長い旅の終り』をどうしても刊行したいと河出社長に話すが、社長は苦笑していたという。中村真一郎は第四部の第一章を一九五〇年一月号の「人間」に発表する。坂本一亀は第四部全部の原稿を著者から受取り、無断で出版してしまった。彼は退社を覚悟で社長室に詫びに行くが、社長はただ一こと、仕方がないと言ったきりだったそうで、ここまで来たからには、あと一冊、第五部も出版可ということになったという。

駆けだしの若い編集者が、会社の許可の出ていない本を独断で出版してしまうことが出来るとは、いったい社内がどういう機構になっているのか、想像の域を超えている。

坂本一亀は季刊雑誌「方舟《はこぶね》」や「序曲」を担当し、また〝方舟叢書〟をかかえて中村真一郎の『昨日と今日の物語』などを出版していたから、中村真一郎との接触が多かったと記述している。

「方舟」は戦争中に出た二十代の詩人たちの「マチネ・ポエティク」の同人たちが集ま

った季刊誌で、一九四八年七月に創刊号が、九月に第Ⅱ号が出て終わった。編集長は原田義人《よしと》、同人は森有正、福永武彦、白井健三郎、矢内原《やないはら》伊作、窪田啓作、加藤周一、中村真一郎の七人であるが、一般からの寄稿も募っている。四角型で赤い表紙に白鳩のカットを抜いた高踏誌であり、Ⅱ号の表紙はブルーグレイで色違いになっている。

目次は、

Ⅰ
海について　矢内原伊作
アルベエル・ロード　窪田啓作
風土（1）　福永武彦
冬空に寄す　中村真一郎
ジッドとグリーン　白井健三郎
ジャン・リシャール・ブロック　加藤周一
パスカルの手記再構成の問題　P. L. Couchoud
『パンセ』の本文構成の問題　森有正（訳）
森有正

II

ÉTUDE　窪田啓作

悲歌　原條あき子

羽のやうに　中村真一郎

二重の誤解　加藤周一

風土（2）　福永武彦

アニムスとアニマ　白井健三郎

文法学者も戦争を呪咀し得ることについて　渡邊一夫

カリエールの絵の回想　白井健三郎

ある寺院における夢想　原田義人

『人間の状態についての説』　ブ・パスカル　森有正（訳）

〝方舟叢書〟では、中村真一郎のほかに、「方舟」の同人である加藤周一の『道化師の朝の歌』、窪田啓作の『掌』などが出版されている。

中村真一郎はのちになって、書き下ろし長篇小説のような大胆な企画を推進しようとする編集者が、同じ社の同僚から足を引っぱられる現実を指摘している。[*2]

私がその一冊を書いたシリーズの時も、随分、有形無形の冷たい声、冷たい空気が周囲にあった。それが書評とか文芸時評という公的な形で現れる時は、それに対して正面から答えることもでき、また大いに傾聴しなければならないこともある。しかし、たとえば私の『シオンの娘等』が出た時など、ある大新聞に、それは企画全体の失敗であるというような「記事」が出た。記事となれば報道であって、個人の意見というようなものではない。しかしその記事は明らかにそのシリーズの継続を妨害しようという、甚《はなは》だ報道記事らしからぬ意図が露出していた。が、私は早速、出版社に問い合せて、その内容が全く事実無根であることを知らされた。私の本の出版はその企画を継続するのに何らの邪魔になる経済的失敗を招いてもいないことを教えられて、私はそのシリーズのために作品を書きつづけている最中の、他の作家たちのために安心した。

ところがやがて判明したのだが、その記事の「ニュース・ソース」は、同じ出版社の社員のなかにあったのである。その社員が今どうしているか知らないが、こうした大胆な企画を計画し推進しようとする編集者は、机を並べている同僚からさえ刺され、足を引っぱられようとするものであることを知って、私は成程《なるほど》、そういうものかと思った。

坂本一亀への中傷があったということである。思い切った冒険や覚悟を必要とする仕事や、先端へ切り込んでゆく創造的な仕事に周囲の抵抗は付きものであろう。ましてや、坂本一亀は、温厚とか、円満とか、寛大とかいわれる人柄とは程遠いので敵が多くても当然である。

中村真一郎の長篇五部作の出版記念会は一九五二年の十二月に日比谷で開かれ、その時の心境を坂本一亀は次のように記している。*3

芥川比呂志《ひろし》の流暢《りゅうちょう》な司会ですすめられる会のなりゆきを、私は立ったり坐ったりしながら、受付と会場を往き来しつつ見ていた。したがって、テーブル・スピーチの各々をゆっくりと聞きとることはできなかった。一つには、それまで出版記念会には幾度か出たことはあったが、社の刊行物であり自分の手がけた本の記念会をやった経験のない不馴れと心配からもあったが、それよりも、その日一日じゅう私を支配していた感情は、ようやくここまで漕ぎつけた、という思いであった。それが私を落ちつきなく右往左往させていたのであろう。（中略）

……中島健蔵《けんぞう》氏の早口のスピーチが終ったあと、原田さんが閉会の辞を述べた。私たち二、三人が後片づけや支払いに立ち会っている間に、すでに会場に人はなくガランとしていた。主賓《しゅひん》たち多勢は高見順氏に連れられて銀座へ繰りだして行ったのである。作者にとっても私にとっても、実に長い長い旅であった、それが今日ようやく終えたのだ、という満足と同時に或る寂寥《せきりょう》感をいだきながら、私は最後まで残っていた東大生の小田実君と同僚のT君と三人で有楽町に出、ラーメンを食べた。T君と別れ、小田君と省線で新宿まで行った。彼と別れるとき私は言った。

「おい、君も書けよ。ひとから言われて書くんじゃなく、中村さんのように進んで自分から書かなきゃダメだよ。いいか、小田君……」

その夜おそく、すでに寝ていた私は、時ならぬ訪問者におどろいた。中村さん夫妻が門前に立っていたのだ。

「ひと言、君にお礼が言いたくて……」

中村さんは私にそう言ったのである。


小田実の登場は中村真一郎から坂本一亀への紹介であったという。

「おい、君も書けよ。……いいか、小田君……」と、このとき坂本一亀から言われた東大生の小田実は、この前年、まだ十代の若さで最初の著書『明後日の手記』を河出書房から出しており、この後、『わが人生の時』の著作を経て、ロングセラーとなった『何でも見てやろう』の執筆にいたるのである。

＊1　戦後の文学⑥　一九六六・四「現代の眼」

＊2　書き下ろしシリーズと新風土　一九六六・十　河出・書き下ろし長篇小説叢書　月報5
＊3　戦後の文学⑥　一九六六・四「現代の眼」

6 埴谷雄高、武田泰淳、梅崎春生、船山馨など

野間宏、椎名麟三、三島由紀夫、中村真一郎らとは違って、書き下ろし長篇小説を依頼しながらも、出版にいたらなかった、つまり書けなかった作家たちの何人かについても坂本一亀の記録がある。[*1]

先《ま》ずは、入社した年に出会った埴谷雄高である。埴谷雄高三十七歳。

> ……初対面の挨拶をして、
> 「埴谷先生……」
> と言ったとたん、
> 「きみ、ぼくは先生じゃないよ、先生と言うのはよしてください」
> けっして強い声音ではなかったが、ぴしッとお面のあたりをやられた感じだ。
> （中略）

——書き下ろしを快諾してくれた埴谷さんは、『死霊』とは対照的に、きわめてリリックな美しい作品を書いてみたいと言った。『黒い森林』という題名がきまったのは翌二十三年に入ってからだ。しかし、原稿の方はいっこうにすすまない。その後、たびたび督促に訪れては相手の話にひきずられ、興奮し、話題は次から次へと飛躍し、またたく間に時間がたってしまう。しかし私自身、埴谷さんの話に元気づけられ、知識を豊かにし、それが直接間接、自分の仕事にもプラスになると考えていたのである。（中略）

翌二十四年の一月、埴谷さんは約束した。三月いっぱいには必ず書きあげる、と。そして、題名が『黒い森林』から『憂愁』と改められた。私はホッとした。これで社長にも申し訳が立つ。私はやや安堵《あんど》し、その後、別企画の方に飛び廻っていた。そうしたある日、一通の電報がデスクにとどけられた。

ゲンコウデキタ　スグオイデ　ハニヤ

おっと叫んで私は社を飛びだし、省線で吉祥寺に駆けつけた。やっぱり、埴谷さんはやってくれたんだな。やっぱり、書いてくれたんだな……

玄関に立った私に埴谷さんは弾んだ声で言った。

「できたよ……」

しかし、茶の間で見せられた原稿は……なんということだろう、たったの一枚ではないか。

「埴谷さん……」

「いや、一枚書けたらもう全部できたも同じことなんだよ、きみ」

その言葉も耳に入らず、私は呆然と原稿を見つめていた。


この原稿を書いて雑誌に発表したあと、坂本一亀は埴谷雄高から、電報なんか打った覚えがない、と言われたそうである。

「その内容にもよるが、だいたい、出した方と受けとった方のどちらが余計印象に刻みこんでいるだろうか。当時、私は一日千秋の思いで埴谷さんの原稿を待っていたのだから、私の眼に〈ゲンコウデキタ〉という文字がいかに強烈鮮明に映ったか、おそらくご想像も及ばないであろう。ただ残念なのは、私が、その電報の現物を保存していず、また、日記にも書き忘れていることである。不覚！」と、のち坂本一亀は記している。[*2]

しかし十年以上のち、坂本一亀が「文藝」編集長のとき、埴谷雄高は『闇のなかの黒い馬』の冒頭にあたる部分を「文藝」に発表し、坂本一亀の長い労苦に報いたのである。

それについては第12章に記すこととする。

次は武田泰淳についての記録[*3]である。

「批評」と「近代文学」両同人の顔合せの会がもたれたのは昭和二十二年十二月末のことで、当時の「文藝」編集長杉森久英氏の斡旋で実現し、その会の模様は杉森氏によって翌二十三年「文藝」二月号誌上にいきいきと記録されている。新米編集者の私が出席を許されたのは、そのころ推進していた書き下ろし長篇小説シリーズの担当者であったためだろうが「蝮《まむし》のすゑ」の作者の顔を初めて見たのも、勿論この会であった。

「自己紹介を終へて、議事に入るといふ順序であつたが、（中略）茶菓の効き目が次第に現れるに及んで、議場は喧噪の度を加へ」やがて「議場の混乱はその極に達し、遅れて出席した埴谷雄高氏をして茫然として其場に佇立《ちょりつ》するの已《や》むなきに至らしめた」という杉森記録の言うごとく、私は、まるで嵐のような会場の交歓風景のすさまじさに、ただただ部屋の隅にちぢこまって見まもるのみであった。遅れてきた埴谷氏も忽《たちま》ちにして嵐の渦にまきこまれ、全員総立ちで会場を右往左往するなかに武田氏をつかまえると「きみが武田か……きみが泰淳か」と幾度も幾度も叫んでいた光景を今も想い起すのである。あれは、たしかに「戦後」であった。

「批評」は戦前から出ていた雑誌であるが、戦時中は休刊となり、一九四六年に復刊した。吉田健一、中村光夫、福田恆存、大岡昇平を中心に小林秀雄、神西清、寺田透なども同人に加わった。版元は批評発行所から、終りの頃、創元社に移っている。

『蝮のすゑ』は武田泰淳の初期の代表的中篇小説の題名である。ここでは、「きみが武田か……きみが泰淳か」と叫んでいた埴谷雄高と武田泰淳の最初の出会いが坂本一亀によって目撃されており、興味深い。

武田泰淳は執筆を快諾し、愛知県知多《ちた》郡の新舞子にある兄の家に起居して、書き下ろしの執筆にかかったが、結局は書かれずじまいに終わった。

そして船山馨、神西清、梅崎春生、檀一雄らも書こうとしながら書けなかったことを、坂本一亀は記している。*4

船山馨さんの『地下亭』は早い時期――じつは第四回の刊行予定であった。ところが昭和二十三年六月十三日、太宰治の亡くなった事件で急に朝日連載の仕事が持ちこまれ、書き下ろしは間にあわなくなった。「……とにかく第三回のレギュラーは梅崎君ですから、手綱をゆるめず激励して下さい。私は梅崎君の仕事の期日とは一応関係なく極力自分の期日を守るよう努力します。武田、三島両君のうち一人、ピンチヒッターに出てくれないものですかね」という二十三年八月の船山さんの手紙には、当時の忙しさの一端がうかがわれる。(中略)

題名ひとつ決めるのに二年もかかった神西先生。神西さんは、そのために、あらためて『日本書紀』を通読された。『血の畑』という題名が決定したときには速達がきた。神西さんは、そういうお人であった。(中略)

……梅崎さんは書くテーマが二転三転していった。(中略)

「やっと書くものがきまったよ。書きだしは映画の手法でいこうと思う。野球のスタディアムを空から俯瞰《ふかん》するような形で全体をえがき、だんだんとカメラが下りてゆく、やがて観衆の一人に焦点が絞られ、次にはそれがクローズアップされる……そういうやり方を考えているけどね……」

『断橋』という題名まできまっていた。が、それはついに書かれずじまいになってしまった。

なぜ書けなかったのか、私はついに聞かずじまいになり、そして彼は死んでしまった。

檀一雄は、『風の足跡』とか『明暗』『ペルシャの歌』という題をあげて、一九五〇年一月には、はるばる富山県桜井町に閉じこもったが、やはり書けなかったという。しかし、刊行された長篇小説の好評とともに、依頼した原稿とは別に、紹介された原稿などが入るようになり、良いものが次々に刊行されることになる。

……その一つに無名の人、望月義《よし》氏の『ダライノール』があり、これは中村さんの第二回『シオンの娘等』といっしょに刊行した。ダライノールとは蒙古語で〝大きな湖〟という意味。「みずうみは光る三角波をたてていた」という書きだしから新鮮であり、窪川鶴次郎氏が絶賛された。第四回は同じく無名の谷本敏雄氏の『暗峡』、これは亡き社長が発掘した新人である。東大国文科では梅崎さんと同級であり、すでに脚光をあびていた梅崎さんにはライバル意識を燃やしていた。教職をすてて筆一本、勇敢にも貧乏生活に飛びこんだ。当時、メンバーのみなさんも一様に豊かでなかったが、彼、谷本氏の場合はケタはずれで、電気代にも困っていた。それでも戦争体験を主題とする『暗峡』三部作に取り組み、第二部まで書いた。（中略）

文学は善意から生まれはしない、デモーニッシュなあるものである。あくまで芸術家のものである。編集者はそこに参入しなければならない。サラリーマンであってはならない。サラリーマンであって何がわるい、と言う人もある。が、私は著者のことを思うと、そう言う人に憤りを感じる。……

このシリーズでは、他にも太宰治や平林たい子らが予定に入っており、また野間宏は、『青年の環』第三部を書き下ろす予定であったという。

また島尾敏雄の『贋学生《にせ》』、椎名麟三の『赤い孤独者』が刊行されている。『贋学生』については、島尾敏雄の死後書かれた坂本一亀の追悼文のなかで語られているので、第15章で触れよう。

「編集者はサラリーマン化してはならない」とは、つねづね坂本一亀の持論であった。それは終生、創造的《クリエイティブ》な編集者であり続けた彼の姿勢の原点であったと言えよう。

出版界に詳しいジャーナリストの櫻井秀勲《ひでのり》は、「戦後文学の基礎をつくった河出書房・坂本一亀」と題した文のなかで、坂本一亀について次のように評している。[*5]

……坂本は、純文学ジャンルの編集者として、河出の名を一躍高めた。野間宏『真空地帯』、椎名麟三『赤い孤独者』、三島由紀夫『仮面の告白』、島尾敏雄『贋学生』、高橋和巳『悲の器』など、戦後文学の傑作と謳《うた》われた作品を、次々と書かせていったのだ。

さらに河出倒産の危機を救った『現代日本小説大系』（全六十五巻）の担当者としても加わっている。同時期の大出版社には文芸担当として、それぞれ功績を残した大久保房男（講談社）、新田敞（新潮社）といった名物編集者がいたが、坂本には一歩も二歩も及ばない。その理由は大出版社の編集者ほど、新人発掘をせずとも、有力作家から近づいてくるからなのだ。

……作家は有名になってはじめて売れるものであり、さなぎや卵時代に売れるはずはないのだ。おいしいところは、必ず大出版社がかぶりつくことになる。……

のち櫻井秀勲は坂本一亀を「出版界の鬼才」と言い、「もっとも尊敬する文芸編集者」と記している。[*6]

＊1　戦後の文学②　一九六五・十二「現代の眼」
＊2　戦後の文学⑦　一九六六・五「現代の眼」
＊3　武田泰淳全集第十一巻　月報6　一九七一・十一　筑摩書房
＊4　戦後の文学①、⑦　一九六五・十一「現代の眼」⑦は前出
＊5　戦後編集者列伝　第一七回　二〇〇二・三「図書館の学校」
＊6　『イロハからわかる編集者入門』　二〇〇三・二　編書房

7 推理小説と水上勉の登場

坂本龍一がYMOを結成したころの精神状態について、興味ある談話を同世代の神経科の医師松浪克文に語っている。*1

……ある時期、鬱《うつ》状態になってね、やっぱり自己嫌悪というか、自分を傷つけたくなる。で、半年以上傷つけていてですね、どうやって戻ったかというと、これ以上傷つけると、傷つけようと思っている自分自身というか、まあ主体は自分自身ですよね、それが、なくなっちゃうんでね。それに気づいたときに急激に回復したんですね。

……それで、もう体がぎりぎりのところまで、たとえば食べないとか、拒食したりとかするでしょ。あるいは寝ないとかね。それで、もう自己破壊寸前までいって、そこまできたら何のために自己嫌悪しているのかという意味がもうなくなっちゃって、それでふっと浮上してきたと思うんですね。……それはですね、例のYMOというやつが始まった時期で、それまでのぼくのライフスタイルと全く変わっちゃったんです。ぼくはわりとアノニマス（匿名性）でいることが好きというか、無名性が好きなんですね。人の前へ出るのがあまり得意じゃない性格だったんです。子供のときからわりと独りでピアノを弾いていたりすれば何時間でももつような性格だったから、人の前に立つというのがいやで、たとえでよくあるのが、ある他人が自分の名前を呼んだりという幻聴が一般的によくありますね。そうすると、街を歩いていて、あ、坂本だとか言われるのが非常に恐ろしい、幻聴に近いようなことが現実に起こってしまって、急激に変化が起こって混乱したんです。

坂本龍一は演奏会やオリンピックの音楽指揮や映画出演やテレビ・コマーシャルなど大勢の人々に見られる仕事に身を投じているけれども、本来は内面的でシャイな、はにかみやさんなのだろう。編集者という、表面に出ない裏方の仕事を選んだ父親の坂本一亀も、龍一が好むアノニマス（anonymous＝匿名性）の人である。息子の龍一と同じように、やはり「人の前へ出るのがあまり得意じゃない性格」なのではないかと思われる。

文壇ジャーナリズムのなかを器用に泳ぎながら仕事を進める型の編集者は、坂本一亀からはほど遠い。

坂本一亀の死後、河出書房の編集者だった藤田三男が、文壇パーティの類いにほとんど出てこない坂本一亀について、巧みに描写している。*2

……自社主催のパーティでも、会場入口近くの末席の円卓に、直立の体《てい》で立ち、挨拶に来る人には、会社では見せない人懐っこい笑顔を向けるが、自分から会場を周回し、列席のしかるべき方に挨拶するなどということは、まずしない。水割りをまずそうに呑んでいる。煙草を吹かす。

敏腕の編集者というものは、こういう席を仕事場と考えて、顔をつなぐのも重要な仕事の一つであるが、こうした席での坂本さんは、いかにも居心地の悪そうな「不器用な人」としての印象が強い。

坂本一亀は直情的な激しい気性ではあるが、孤独型で内面性の強い性格の人である。坂本一亀は作家を訪問するときも、緊張し、思いきって、勇気を奮い起こそうと努めていたのではないか、と想像させるものがある。

一九五七年三月、河出書房は経営不振から倒産したため、二百名の社員が退職し、三十名が残って河出書房新社として再出発することとなる。そのうち編集部員は十名であったという。

河出書房が倒産したころ、大学生だった私は、神田の古本屋街で河出書房の大量の出版物がゾッキ本として安価で積まれていたのが嬉しく、ずいぶん買った記憶がある。伊藤整の『小説の方法』や中村光夫の『谷崎潤一郎論』や巖谷大四編の「文芸読本」、河出新書、河出文庫など良書の宝庫のようだったので、皮肉にも、とりわけ河出書房の名を強く印象づけられたものだった。

そのころ、武田泰淳を訪問した坂本一亀の回想[*3]を次に掲げよう。

> 昭和三十二年の春、社が倒産して新社となり、ほそぼそと二、三の継続企画を刊行していたが一年後には底をつき、まだ新企画も出せずにいたころ、社長が沈痛な表情で……書き下ろしはできないだろうか、きみの親しい作家に頼めば、と言った。昭和十年代二十年代に試みたそれは、いずれも成功し、いわば社の「お家芸」とも言える企画である。新社第一発の企画として社長が考えるのも、もっともと言える。その気持はわかったが、しかし現在の状況はむつかしいと思った。書いてもらえそうな幾人かの作家をかぞえても不安があった。しかし私は、やってみますと答え、二、三の作家に打診してみたところ、あながち不可能でない見透《みとお》しが出てきた。武田氏を上高井戸の公団住宅に訪ねたのは、三十三年の春頃である。

坂本一亀は用談の性質上、気重い緊張感にとらわれながら、倒産以来からの状況を述べ、用件を切り出す。武田泰淳は伏目になって話し出す。

……われわれ戦後派の作家が昔どんなに社の世話になったか、その恩義は忘れていない。現在の会社の実情はよくわかるし、われわれも何とかして協力したい気持はある。ぼくなどは、前のときも長篇はとうとう書けずに迷惑をかけたが、しかし、できないんだ。書き下ろしとなれば一朝一夕で書けやしないし、おれたちも喰っていかなければならない。これは、野間や椎名や中村や埴谷だっておなじだ。無理だと思う。そこを、わかってくれ……

武田氏の話はなおつづいたが、その言葉は、重く、痛烈に私を打った。そして、編集を十年もやっていながら、そういうこともわかっていなかった自分を嫌悪した。いや、わかってはいながら、その親しさに甘えていた自分を嫌悪した。

（中略）

社に帰って私は、ありのままを報告した。そうか、とだけ呟いた社長は、やはり骨身にこたえたのではなかろうか。武田氏の言葉で書き下ろしのプランはついえた。それからは一時的にせよ、当時ブームだった推理小説へと転換することになる。そして二年後には「文藝」復刊の機運が生まれてきた。武田氏の言葉は、社を生かしてくれたのである。

坂本一亀は「気重い緊張感」をもって訪問したと記しているが、通常のときであっても、坂本一亀にはある種の緊張と抑圧が普通人以上に働いているように見える。

「坂本君から激励されると固くなってしまうよ。小説がコチコチになってしまった」と苦笑していたのは、軽妙な文体が持ち味の小島信夫だった。

さて「一時的にせよ、当時ブームだった推理小説へと転換することになる」という坂本一亀の記述に移ろう。

新社になって以後、一九五八年から一九六〇年にかけて、多岐《たき》川恭《がわきょう》の長篇『氷柱《つらら》』、短篇集『落ちる』(直木賞受賞)、短篇集『黒い木の葉』、長篇『虹が消える』、長篇『静かな教授』、戸《と》板康二《いたやすじ》の短篇集『団十郎切腹事件』(直木賞受賞)、短篇集『車引殺人事件』、水上勉《みなかみつとむ》の長篇『霧と影』、長篇『海の牙』など、坂本一亀はたてつづけに推理小説の本を出している。

なかでも水上勉は、当時の坂本一亀のことを折にふれて幾度も書いているので、そのなかから比較的新しいものを次に紹介しよう[*4]。

　ぼくは、足利へ行商にゆく電車で、むしゃぶり読んだ松本清張の「点と線」に影響されていた。同じ書くならおもしろい小説。読むうちに登場人物の性格や、その来歴に興味がふかまってきて、次第に主題の深淵につき当たって感動をあたえるような作品。いまから思うと、のちの「飢餓海峡」の方向を目ざしていたと思う。六百五十枚で書きあげた。

　川上(宗薫)さんの推薦で、河出書房の坂本一亀氏にこの原稿を送った。坂本さんは新人発掘の名人といわれた編集者であった。一ヶ月程経って、坂本さんからハガキがきて会いにいった。駿河台の喫茶店だった。

坂本一亀はそのときのことを十年後に回想[*5]している。

あれは昭和三十四年の二月だったと思う、川上宗薫さんがひょっこり社にあらわれた。（中略）三十二、三に見えるつれの男がいた。長髪で顔の蒼黒いやせた男である。近くの喫茶店で宗薫さんがあらたまったようにその男を紹介した。「水上です」と一語、低く言った男に私はオヤと思った。水上といえば、あの水上勉か？　あの『フライパンの歌』を書いた作家か？……宗薫さんと話しているうちに再びオヤと感じた。その男水上勉が長篇推理小説を書いたから読んでやってほしいと言うのである。『フライパン……』の作者が推理小説を書いたって？　私に、そのとりあわせが奇異に感じられたからだ。しかし一方で、これは面白い、とも考えていた。私はとにかく読もうと答え、その原稿が菊村到《いたる》氏にあずけてあるというので、宗薫さんに喫茶店からすぐ電話をいれてもらったのである。

勉さんとの出会い、それにつづく二人の格闘はこうしてはじまった。格闘？　それは作品を中心にした作者の一編集者とのたたかいであり、私もまた、作者と社にたいするたたかいであったろう。

水上勉はつづけて記している。

「おもしろい作品になりそうだが無駄が多いですね。書き直してくれますか」坂本さんは手許にぼくの原稿をもっておられた。ぼくは、坂本さんから無駄のところや、文章の駄目なところを指摘された。ぼくはぼくの出した封筒に入ったぼくの原稿をもって松戸に帰った。

妻は、ぼくに収入がないため、神田のサロンMにつとめてくれるようになっていた。情ない話だ。またぞろ妻に水商売をさせるハメになってしまった。しかもこんどは子づれの失業者が夫である。妻にしてみれば大きな荷物である。

ぼくは膝上で湿疹《しっしん》はとまったけれども、カサブタがとれるとすぐに膿《う》んでくる正体不明の皮膚病の足をバケツにつけながら「霧と影」を書き直した。五百五十枚ぐらいになった。出来上がるとすぐに坂本さんのところへ持参した。坂本さんからまたハガキがきた。駿河台でまた会った。

坂本一亀は「少しはよくなりました。だが最後のところがもうひと押しですね」と言ったという。水上勉はまた原稿を持ち帰り、三回目の書き直しをして、また持参した。都合二千枚近い枚数を書いたことになる。

水上勉はさらに記す。

坂本さんからハガキがきて、刊行決定とあった。ぼくは驚喜した。昭和三十四年、ぼくは四十歳になっていた。

坂本さんはながいあいだぼくが欠礼していた宇野浩二先生を訪れて序文を依頼して下さった。ゲラをおよみになった先生から快諾の返事があった。

この作品は諸所で評価をあび、直木賞候補になった。いまでもおぼえているのだが、坂本さんは見本の「霧と影」一冊をもって、ぼくをつれてサロンMを訪れ、家内を指名席によんでくださった。「奥さん、もう勤めはやめて下さい」。家内は、カサブタ病みの夫が書いた小説が版を重ねるようなことなど信じていなかったので、「もう少し様子をみてから……」といった。

本の見本というのは、書店に本が出まわる前に、少部数を著者などの関係者に配るものであり、この段階で大きな間違いが見つかれば販売をとめることが可能なのである。

……このおかげで、私は坂本さんに〝小説を書く性根〟をたたきこまれた。『霧と影』と題をあらためて刊行されたこの本は、初版三万部が一ヵ月を待たずして売り切れ、世評もよくて、私は一躍社会派推理作家のレッテルをはられ、諸雑誌から推理小説の注文を受けた。……

と水上勉は書いている。[*6]

『霧と影』は初め『箱の中』という題がついていたのを改題したそうだ。

水上勉の記述のなかでは、坂本一亀が見本の一冊を水上夫人の勤めるサロンに持参し、「奥さん、もう勤めはやめて下さい」と言ったという細やかな心づかいが回想されているが、『霧と影』によるデビューからすでに三十年の歳月が経っているため、作者のなかで当時をなつかしむ気持が働いているからであろう。

『霧と影』刊行からまだ五年後の一九六四年には、水上勉は吉行淳之介との対談[*7]のなかで、いささかの恨み節に苦笑をまじえた発言をしている。

……推理小説というものを書くと本にしてくれる時節らしい。これならわしも書けるかもしれん思うて、『霧と影』を書いたんや。それを坂本一亀という人がおって、それを四へん書き直させた。七百枚の小説を四へん書き直すと二千八百枚、コクヨの原稿用紙に書いた。ごぼっごぼっと四回とじた時の気持ち考えてみろよ。

……

幼い息子の龍一が、酔っぱらった父親の電話のやりとりを聞いていて「水上勉さんに、水上！　なんだ、お前のあの作品は！　とか言って、小説書きなおせ！　とか怒鳴ったりしてね。すごいよね、今から考えたら」と話しているのは、この頃のことだろう。[*8] 坂本一亀の情熱と執念と頑固さには、接触した者はホトホト呆れはて、疲労困憊するのである。しかし、坂本一亀と接触しない年月が長く続き、昔を振り返ると、当時の怨恨や憤慨は遠く消え去り、よく見えなかった相手の繊細な気づかいなどが思い起こされ、なつかしむ気持が湧いてくるのである。それは坂本一亀というキャラクターのもたらす特性のようである。坂本一亀を覆っている固い鎧を剝《は》ぎとっていくと、飾り気のない気弱な素顔が浮かびあがり、純朴な人柄が思い出されてくるのである。

『霧と影』に続いて、水上勉は『海の牙』を書き、これもまた直木賞候補となり、探偵作家クラブ賞を受けた。『海の牙』について水上勉は述べている。[*9]

『霧と影』が刊行された直後、昭和三十四年秋、九州熊本県下に起きていた水俣病に関心をふかめた。（中略）奇病などというものではなく、これは白昼下に起きている企業殺人だった。私は帰京すると、さっそく、恐ろしい事件を背景にした「不知火《しらぬい》海沿岸」という百二十枚の小説を書いた。発表するあてはなかった。と、そのころ、文藝春秋社の池島信平さんから、『霧と影』がおもしろかったから、何か短いものを書いてみないかと、ハガキを頂戴した。私は大急ぎで原稿を清書し、いくらか短縮して、文藝春秋社に送った。作品は「別冊文藝春秋」七〇号（昭和三十四年十二月）に掲載された。衝撃的な、人体を奇病の鴉《からす》が喰いちらす場面は、大方の好評をうけた。私は、池島さんに面目をほどこし得たが、これを読んだ河出書房新社の坂本一亀さんが「あれでは水俣病の追跡は不発ではないか。最後まで書いてみないか」と、引っ越してすぐの文京区初音町の借家へやってきた。そこで私は、また新しい書下しにとりかかった。「不知火海沿岸」を解体し、『海の牙』の物語の発端としたのである。完成まで約四ヵ月かかった。（昭和三十五年四月、河出書房新社刊）

他社の雑誌に発表された短い作品を読んで、すかさず駆けつけ、長篇小説に書き下ろしてもらい、一冊の本として刊行するのは、坂本一亀が『真空地帯』以来進めてきた積極的かつ果敢な姿勢の成果であるが、誌上を提供するのみにとどまってしまった出版社は、鳶《とんび》に油揚げをさらわれたように悔んだのではないだろうか。しかし、そのあと、水上勉は、同じ「別冊文藝春秋」七五号に発表した『雁の寺』で直木賞をとったのだから、版元の出版社は面目を保ったことだろう。

＊1　『SELDOM‐ILLEGAL　時には、違法』前出
＊2　不器用な人―追悼・坂本一亀　二〇〇三・一　「槻の木」
＊3　武田泰淳全集第十一巻　月報6　前出
＊4　『私の履歴書』一九八九・五　筑摩書房

＊5　水上勉選集月報6　一九六八・十一　新潮社
＊6　『わが文学　わが作法』　一九八二　C・BOOKS6　中央公論社
＊7　『水上勉対談集』　一九七八・九　毎日新聞社
＊8　『SELDOM－ILLEGAL　時には、違法』　前出
＊9　『わが文学　わが作法』　前出

8

小田実『何でも見てやろう』

前章で、息子龍一の言葉を借りて、坂本一亀を「アノニマス（匿名性）の人」「人の前へ出るのがあまり得意じゃない性格」なのではないかと書いたけれども、坂本一亀が抑圧から解き放たれて、楽しそうに接していた相手の一人を挙げるとしたら、それは小田実であるだろう。

中村真一郎の長篇五部作の出版記念会の帰り道、坂本一亀から「おい、君も書けよ。……いいか、小田君……」と言われた東大生の小田実である。小田実と坂本一亀とのやりとりを竹西寛子が巧みに描き出している。[*1]

> その頃の小田実さんは、河出書房の編集室に、よく坂本一亀さんを訪ねて来られた。もう十五、六年も前のことになる。坂本さんは当時、私の上役だった。隣の席にいてしぜんに見聞するこの会見には、地方から上京した弟が、兄をその勤め先に

訪ねるような雰囲気が、いつもはじめにあった。来たよ、と目で挨拶すると、おう、来たかと、うなずくだけで何かが通じ合う。それから十分くらいの間、言葉のやりとりはほとんどない。ちょっときりのいいところまでと、気兼ねもなく仕事を続けられる坂本さんが、その時々に人さし指で示される空席に行って、小田さんはじっと待っていられる。（中略）

「これ、土産《みやげ》や。」

ぽっとはにかみながら、そう言って可愛らしい包を坂本さんの机の上に置かれたのを見たことがある。それがどこのお土産だったのかはわからない。その頃もう、『明後日の手記』の著者であった小田さんに、坂本さんが編集者として期待をかけ、力を注いでいられることは傍目《はため》にもよくわかったが、年若くして著書をもった人にありがちな気負いや媚《こ》びは、当時の小田さんにはみじんも感じられなかった。見ていてじつに気持がよかった。

何となく人見知りをされるようなところもあった小田さんであるが、さて坂本さんとの議論になるとそれは精力的だった。笑いと、素直な同意、それにおだやかな懐疑がくり返されているうちは、まだ、あの兄弟に似たような雰囲気もつづいている。ところが突然、

「坂本さん、それ、あかんわ。」

とあたりを憚《はばか》らぬ大声で、ちがう、そのことについては自分はあなたに同意しない

という態度を明らかにされはじめると、雰囲気は変ってくる。

（中略）すると坂本さんも負けずに、小田さんよりは低い小さい声で、「おれが言いたいのはだなあ」ときり返しながら、しかし、よく逆らってくれた、頼もしいぞという気分もあるらしく、根気よく論じ合われていた。

こういう時のやりとりは、活字で読めば、すさまじいとみる人があるかもしれないが、あの頃編集室にいて論じ合いを聞きながら、およそ不幸とは縁遠い場所にいきいきとしている二人の男性、兄弟のようでもない、書き書かせるという関係でもない対等な二人の人間をみた者は、私のほかにもあったと思う。……

ここに記されている「その頃の小田さん」とは、一九五六年に出た、小田実の二冊目の著書である『わが人生の時』の頃であろう。一九五七年の河出書房の倒産で、竹西寛子は他の出版社に移っているからである。河出書房新社になって数年後に私は入社したが、坂本一亀と小田実のあいだのやりとりは、ここに書かれているのと、まったく同じであった。小田実は、編集室に入ってくると、

「土産や」

と言って坂本一亀の机の上に小さな包みを置いていたのをよく見かけた。大きな身体の小田実が、掌《てのひら》に入るような可愛い土産品を置くのが、率直で飾らない人という印象を与えていた。飴玉かしら、などと思ったりした。のち武田泰淳が「愛すべき恐竜」[*2]と、

いみじくも称したが、飴玉を連想させるような子供じみた雰囲気が小田実にはあったのである。ずっと前から習慣になっていた行為なのだろう。

いつもは苦々しくむずかしい顔付きをしている坂本一亀が、そういう時、一瞬、にっこりと笑顔を見せることがあった。坂本一亀はふだん、笑顔を見せることは男の沽券《こけん》にかかわるとでも思っているかのように殊更《ことさら》にむずかしい顔付きをしていたので、ほんの時たま見せる笑顔は、ひどく無邪気に見えたものである。

小田実の三冊目の著書『何でも見てやろう』が書かれるまでの経緯を、坂本一亀が記している。[*3] 小田実は一九五八年から一九六〇年までアメリカ、ヨーロッパ、インドをまわって帰国したのだ。一部を紹介しよう。

……飛行機から降りたとき、彼の財布には十円玉一個しかなかったという。その話に大笑いしながらも、私は胸が熱くなった。

あまり飲めない彼は、それでもビールをちびちびなめながら、アメリカでのこと、ヨーロッパでのこと、それからインドのこと等々を話した。聞きながら私は感銘をうけた。風物よりも人間の生きる姿勢というもの、そして、この二十七歳になる青年の無鉄砲とも言える逞《たくま》しい精神と行動というもの……

小田君、君のいま話してくれたことを書かないか、ぼくひとりで聞くには惜しい、と私は言った。旅行記？　と彼は訊く。そう、旅行記、しかし単なる見たり聞いたりのものではなく、君が、いかに感じ、いかに考えたか、言ってみれば君の文明批評だ、それがとてもおもしろい。いやだな、旅行記は、と彼は言う。書くなら小説を書きたい。いや、もうアメリカにいるときから書きはじめている、二千枚くらいの長篇になる予定で、これを出版してほしい。もちろん、小説は書いてほしい、と私は言った。

現在では、海外旅行は日常生活に溶けこんでいるが、一九六〇年代はまだ珍しかったのだ。坂本一亀は若い人たちの間で旅行記が読まれていることを小田実に話し、北杜夫《もりお》の『どくとるマンボウ航海記』、犬養《いぬかい》道子の『お嬢さん放浪記』、堀田善衛の『インドで考えたこと』の三冊を挙げる。小田実はそのなかで堀田善衛のものに関心をいだき、こころを動かす。コクトオのアメリカ紀行のようなものなら書いてもいい、と言う。日記をつけていたのかと聞くと、手帳にメモだけはつけていた、と言う。

それから一週間ほどのちに、小田実は、書くよ、と言いに来る。枚数はせいぜい三五〇枚ぐらい、と坂本一亀は伝えた。よっしゃ、彼はひとことそう言って立ち去る。

坂本一亀は続けて記す。

それから半年間、彼はめったに社に現れなかったが、その年の十一月、出来た、と言って持ってきた原稿は九〇〇枚だった。えッ、九〇〇枚？　またやったな、と私は思った。『わが人生の時』出版の折も一五〇〇枚もあって苦労したことがある。部数は少ないし、定価がつけにくいのだ。一般に新人の場合は皆そうだった。さきに三五〇枚くらいだと言った私は、今度は長くなっても五〇〇枚くらいだろうと考えていたのだ。とにかく読むことにした。

読みすすむうちに、九〇〇枚は決して長くないことがわかってきた。その後、いよいよ出版がきまり、表題を五十近くもふたりで考え、装幀はシンプルに、表紙は二色刷、カバーなし。中扉のカットも彼が書いた。枚数増、ページ数増による高定価を恐れて諸事倹約。刊行後に社長から、社はじまって以来の悪装幀、というありがたくない折紙をつけられた。

『何でも見てやろう』は発売されるや爆発的に売れ、その後も長い年月にわたって売れ続ける本となった。時に小田実二十八歳、坂本一亀三十九歳。

小田実は当時、版元の読書雑誌[*4]に、読者に向けてメッセージを寄せている。

私のつたない本を読んでいただいたこと、ふかく感謝しています。いろいろなご意見やご感想をよせていただいたこと、一つの本の著者として、これほどうれしいことはありません。みんな、それぞれに面白く有益であったと言えば、おこがましいでしょうが、しかし、それが真実だったのです。ありがとうございました。私のこの本、思いもかけずベストセラーということになり、それとともに、アレヨ、アレヨというまにメチャクチャに忙しくなりました。

『何でも見てやろう』を読んだとき、私がもっともショックを受けたのは、インドの往来で寝る場面であって、自分にはとても出来ない、と思うことから、自分が女性であることの行動の限界を知らされたのであったが、のち、埴谷雄高が『何でも見てやろう』のこの場面について言及したもの[*5]を読んで少し安心したのだった。

> 堀田善衞の『インドで考えたこと』は、恐らく私達の多くがそうであるに違いないように、ホテルにおいて考察したことから出発して全体が組立てられている。それに対して、小田実の『何でも見てやろう』におけるインドは、街路に寝ることからはじまる最底辺から見たインドなのである。
> だいたい、外国へいってその街路に寝るということは凄まじいことである。……暑熱といまだ貧困の国であるパキスタンやインドにおいては街路に寝るのが自然であると解ったとしても、外国人としてそこに寝た小田実の凛然たる勇気について感心する気分に何ら変化はなかった。

小田実が九〇〇枚の原稿を持参して来社した一か月前の一九六〇年十月、坂本一亀は、小田実と同じ「秩序（ORDO）」の同人であった丸谷才一の、最初の長篇小説『エホバの顔を避けて』を出版している。『エホバの顔を避けて』は「秩序」に七号まで連載されて完結した作品であった。丸谷才一は今やマスコミの有名人であるけれども、この時は無名の新人作家の初めての著書なのであった。「ついに日本でも知性上の冒険を試みた新人がここに現れた」と大岡昇平は書いたが、林達夫からも「日本でもああいう作品が出版される時代がきたのですね」と私は言われたものである。

「秩序」は小檜山俊《こひやましゅん》の編集により一九五二年一月に創刊された季刊文芸誌である。同人は安藤元雄、橋本一明、菅野昭正、丸谷才一、三輪秀彦、宮本陽吉、中山公男、清水徹、篠田一士、高松雄一、永川《ながかわ》玲二、川村二郎、小田実らで、福永武彦、安東次男、平井啓之らが寄稿している。発行所は文学グループ秩序、発売所はユリイカである。

この頃、坂本一亀は、「秩序」の若い同人たちとの交流によって、彼らから欧米の新鋭作家たちの最近の文学活動を聞き出したのだろう。〔世界新文学双書〕と銘打った企画を打ち出し、単独で出版にあたっている。

内容はイギリスの新鋭ジョン・ブレインの『年上の女』（福田恆存訳）、同じくジョン・ブレインの『黒い手から』（中村保男訳）、アメリカの若手作家ジャック・ケルアックの『路上』（福田実訳）、さらにアンチ・ロマン、新しい小説といわれたフランスの前衛作家たち、アラン・ロブ＝グリエの『消しゴム』（中村真一郎訳）、ミシェル・ビュトールの

『心変わり』(清水徹訳)、ナタリー・サロートの『見知らぬ男の肖像』(三輪秀彦訳)、またイギリスの詩人、ロレンス・ダレルの四部作である〝アレクサンドリア四重奏〟、すなわち『ジュスティーヌ』、『バルタザール』、『マウントオリーヴ』、『クレア』(高松雄一訳)などである。

たえず新しい文学、新しい作家を探し出そうとしている坂本一亀の、冒険に挑む姿勢の一端といえようが、無名の新人作家の本や日本で未だ紹介されていない海外の新鋭たちの本邦初訳の企画を承認した河出社長は、やはり坂本一亀と同じ姿勢であったのだろう。

ロレンス・ダレルの四部作は大著であるので、翻訳の進行に合わせて一年に一冊ずつ刊行され、四年目の一九六三年に完結している。

この双書の刊行中、一九五七年の会社倒産によって休刊していた雑誌「文藝」の復刊がきまり、坂本一亀は、その編集長として準備に奔走《ほんそう》することになる。

坂本一亀編集長は「文藝」発刊後も、それまでに出版途中の本の作業を刊行終了まで引き続いて行っていたので、「文藝」のスタッフに編入された部員たちも、編集長のやりかけの仕事にあたることになったのである。「文藝」復刊の準備中に入社した私も、〈世界新文学双書〉の翻訳原稿の割付けを、休日の自宅作業として命令されたのであった。

のち、「文藝」の仕事で訪ねた三島由紀夫が、ロレンス・ダレルの四部作を褒めていたことから、宣伝用の推薦文句を書いてもらったことを思い出す。

三島由紀夫は私の目の前で、「『アレクサンドリア四重奏』は、今世紀最高の傑作の一つであり、優にプルースト、トーマス・マンに匹敵する。」とすらすらと書いてくれたので、それは何度も宣伝用に使用されたのだった。三島由紀夫はどんな短文でも出版社任せにしない、律義で几帳面な作家だった。

＊1　「小田実全仕事」月報7　一九七一・二　河出書房新社
＊2　「小田実全仕事」内容見本　一九七〇　河出書房新社
＊3　「小田実全仕事」月報8　一九七一・五　河出書房新社
＊4　「BOOKS」NO．147　一九六二・八　河出書房新社
＊5　「小田実全仕事」月報3　一九七〇・九　河出書房新社

9　「文藝」復刊と「文藝」新人の会

公表されている坂本一亀の「〝文藝〟復刊まで」という日記[*1]によれば、一九六二年二月（三月号）の「文藝」発刊の一年半前から準備に奔走している様子がうかがえる。

もっとも頻繁に相談のために会っているのは中村真一郎であるが、次いで、その頃、出版物を通して交流の盛んだった同人雑誌「秩序」のメンバーの篠田一士、丸谷才一、小田実、菅野昭正、清水徹らや、さらに埴谷雄高、荒正人、椎名麟三、野間宏、大岡昇平、福永武彦、武田泰淳、堀田善衞、中村光夫、福田恆存《つねあり》、桑原武夫、中島健蔵、河盛好蔵、瀬沼茂樹、青野季吉《すえきち》、島崎翁助らに意見を聞き、そして、往年の「文藝」編集長の杉森久英、巖谷大四らへの挨拶など精力的に動き回り、同時に「文藝」賞の選考委員として、埴谷雄高、野間宏、中村真一郎、寺田透、福田恆存らに交渉を行っている。福田恆存には一度は断られるが、中村真一郎が間に入って再度交渉の結果、戯曲部門を入れる条件で承諾されている。福田恆存は「私は文芸雑誌の賞の選考委員になつたことは、この時のほかに全く無い、と思ふのだが」と、のちに書いている。*2

中村真一郎は当時を次のように回想する。*3

……河出書房が文芸雑誌「文藝」を創刊するに際して、その長い構想期間中、編集長を予定されていた坂本一亀は、主として野間宏と私とを相談役とした。これは従来からあった「新潮」「文學界」「群像」が、いわゆる文壇雑誌的色彩の強いのに対して、新しくそこに割りこむための新味を出すのに、戦争直後の入社当時から専ら書き下ろし双書などの企画によって、戦後派の私たちと共に成長して来た坂本氏が、そうした馴染みのある又、気心の知れた、無理の出来る若い作家たちを支柱とする雑誌を作るという構想に走ったためであった。

しかし人も知る純粋主義の坂本氏が、一方で商業雑誌の責任を持たされた以上、妥協の必要もあると決心すると、逆に却って途方もない思い付きに捉えられることもあって、憤激した私が若気の至りで席を蹴立てて立ち上り、それを同席の野間と篠田一士の両巨漢に、苦もなく空中に吊りあげられて、もとの座に戻されるという喜劇的な情景もあった。

坂本一亀が、既成の文芸雑誌に不満を抱いていたのは、事実であった。彼は文壇ジャーナリズムの人間関係ではなく、作品そのものを重視する編集者であった。彼は無名の人から持ち込まれた原稿や、同人雑誌に掲載されている作品に、もっとも注目し、たえず読んでいた。坂本一亀が通勤の電車のなかで同人雑誌を読みふけっている姿を、社員たちは見かけている。

坂本一亀の前記の日記によれば、

　売れる雑誌をつくれ、という社長に対し、純文芸誌は売れないという私との意見対立は当初から果てしなくつづいた。(中略)当時の新社の事情から失敗は絶対にゆるされなかったのである。

とあるから、理想の実現と営業成績への顧慮《こりよ》との間に揺れる坂本一亀と、執筆者である中村真一郎とのあいだに軋轢《あつれき》があったのだろう。

利潤を追わねばならない出版事業にあって、幹部の立場におかれてからの坂本一亀には「売らねばならぬ」という社の制約がつねに苦悩を強いるものであったに違いない。

彼は野間宏の『真空地帯』や小田実の『何でも見てやろう』など、時代の要請に合致したベストセラーを出版しているし、ブームにのって推理小説群の刊行にも当たっている。坂本一亀が世に押し出した新人たちは、真に実力のある上質な作家たちには違いないが、大量部数を誇る大衆雑誌や週刊誌を持たない中クラスの規模の出版社では経営はけして楽ではない。文芸雑誌はどこの出版社でも赤字を覚悟で刊行するものであるが、文芸もの中心の出版社にあっては、いわば重要なアンテナの役割を果たしているのだ。坂本一亀は純文芸誌が売れるものではないことを知っていたが、掲載する作品の質と内容で勝負しようと決意していたのである。

野間宏はのちに書いている。[*4]

「文藝」が復刊するという時、私は坂本一亀編集長から、長篇連載の依頼を受けた。私はその場でその依頼を承諾したのだが、私は新しい構想にとりかかり、その作品を実現するのに困難を感じていた。私は私の位置を新しいところに置かなければならないことを自分に言いきかせ、構想を改めようとして、頭をきりかえた。しかし新しい構想はでき上がってきたが、私のペンはなかなかすすまなかった。

その時、私は坂本編集長の再度の訪問を受けたのだが、坂本編集長はすでに一つの決意を持ってやってきたとでもいうように、ゆっくりした言葉で「『青年の環』の続篇を書いて頂きたい、新しい長篇もほしいが、自分としては、ぜひ『青年の環』を完成させたい。」といきなり姿勢を正すようにして言うのである。

これは全く予期することのなかった言葉であった。私はしばらく答えをひかえ、考えをまとめようとしていたが、私の口はひとりでに「やりましょう」という言葉を外に出していた。しかし私の頭はしばしの間、はたしてこれを引き受けて、書きつづけることが出来るものなのか、とまどっていたのだ。(中略)しかし私は「やりましょう」と再度言っていたのである。この機会をのがしたならば、『青年の環』を完成する時はついに来ないにちがいないと、私の耳元に囁きがきこえつづけていたのである。

坂本一亀は十二年前に自分が本を作って中断したままになっていた『青年の環』の完成を目ざしたのである。入社した年の二十五歳の若き日、「近代文学」に載った冒頭部分を読んで出版を申し込んだときから、ずっと持続していた編集者坂本一亀の執念なのであった。そしてそれは、作者である野間宏の意識に潜んでいた続行への願望を呼び覚ますことになったのだった。

「ただ一つ、これはぼくの編集者としての念願でもあり意地でもあったんですが、野間さんの『青年の環』だけは復刊を機に完結へもっていきたかった」と、ずっとのち坂本一亀は、「文藝」復刊当時の気持を語っている。*5

創刊号は野間宏の『青年の環』と松本清張の小説が同時に連載を始めるが、松本清張の連載は「売れる雑誌をつくれ」という社長からの絶対命令であり、坂本一亀は堪えて妥協したのであった。他に売れる中間雑誌をもたない出版社の辛《つら》いところなのだ。

坂本編集長の「文藝」時代に未だ『青年の環』の完結を見ることは出来なかったが、完結にいたるまでのステップの役割を果たしたのであった。

長い構想と準備にもかかわらず、坂本編集長の「文藝」は二年間にも至らず、二十二冊の発行で編集長の交替を余儀なくされることとなる。文芸雑誌の宿命として、営業成績上成り立たなかったからである。しかし、この間の「文藝」は、期間の短さを補って余りあるほどの充実した内容を残している。それは坂本一亀が短い期間に撒《ま》いた種が、後になって大きな実りを見せる結果となっているからである。

復刊前の準備期間中に、坂本一亀は将来を嘱望される若い作家の卵たちに呼びかけ、糾合《きゅうごう》をはかっている。一九六一年六月に二十名に案内状を出し、十八名が集まった。

「そのなかには後藤明生《めいせい》、丸谷才一、坂上弘、結城昌治さんもいましたよ。それがいつしか〝文藝〟新人の会というようになり、毎月やろうということになった。（中略）二回目を七月にやった。そうしたら十二人ふえた。（中略）第三回目にはまた八人ふえた。四十人ちかくにふくれあがってしまったのです。世に出るべくして出てない優秀な書き手がたくさんいました。そういう時期でした。……」と坂本一亀は語っている。[*6]

「文藝」新人の会は一九六二年十二月まで続いた。調べてみると十一回分の月日は判明したので、十一回か、或いはそれ以上開かれたと思われる。

この懇談の集まりは日曜日の夕方、主に出版クラブなどで開かれていた。

赤塚行雄、安藤元雄、宇能鴻一郎、小川恵以子、小川国夫、小沢信男、小田実、桂芳《よし》久《ひさ》、加藤幸子、菅野昭正、草部和子、黒井千次、古賀珠子、小久保実、小佐井《こさい》伸二、後藤明生、三枝《さえぐさ》和子、佐江衆一、坂上弘、佐藤愛子、志賀口雄之助、清水徹、下江巌、鈴木武樹、諏訪《すわ》正《ただし》、立原正秋、田畑麦彦、辻邦生、永川玲二、中田耕治、中村博保、橋本

一明、林峻一郎、深井迪子《みちこ》、深田雄輔、福田紀一《きいち》、丸谷才一、三輪秀彦、森川達也、森常治、結城昌治、山川方夫《まさお》、芳川幸造などが顔を出していた。

菅野昭正や中田耕治、黒井千次、丸谷才一、桂芳久など毎回誰かが交替で司会をしており、そのつどテーマがあったように思う。この時は、二十代、三十代の若い人達であったから、会社員であったり、教師であったり、週刊誌の記者であったり、それぞれの職業はさまざまであった。このなかには、文学から離れていった人もいるし、また作家として独立した人もいる。

この集まりについての回想のいくつかを紹介しよう。

後藤明生[*7]……復刊に先立って、若手グループの会を開くから出席せよという趣旨の案内文が、当時のわたしを興奮させ、また緊張させた。わたしがそのような会に召喚されたのはおそらく、復刊前の、昭和三十二年あたりで休刊した「文藝」が主催していた全国学生小説コンクールの、わたしも入選者の一人であったためと考えられる。それ以外の実績(?)は何もなかったからだ。「赤と黒の記憶」という入選作が発表されたのは確か三十一年で、わたしは早稲田大学の三年生だった。つまりわたしは、そのときから三十七年の復刊第一号に「関係」が発表されるまで、「文藝」の休刊とともに冬眠を続けていたことになるわけであるが、もちろんそれは「文藝」のせいではない。……その準備の会合は確か渋谷の中華料理店で、ある日曜日わたしは案内状の地図をたよりに道玄坂付近で汗を流した。あるいは汗の記憶は季節のせいではなく、わたしの内なる不安と緊張のためであったとも考えられるが、そのようにして召喚された文藝の会によって、わたしの冬眠がさまされたことは確かだ。……埴谷雄高、中村真一郎、野間宏等の先輩作家が出席されることもあった。……あるときわたしは当時の坂本一亀編集長に、文藝の会とは何ぞや？　と愚問を発した。「集ってビールを飲んで下さい。そして大いに書いて見せて下さい」という返事だった。……

小川国夫[*8]……（昭和）三十六年十一月頃のことであった。坂本一亀氏の署名があって、本多秋五氏から紹介されましたが、顔を出して見る気はありませんか、とのことであった。文芸雑誌の編集長の着想の一つと見れば、それまでだが、想像の中の女性の瑣事《さじ》に沈潜していた私を、現実に呼び醒ます作用が、その便りにはあった。……とにかく私は、〈文藝の会〉からの通知によって、厚く塗り籠められた自分から出て、妙な仕種を意識しながら、広いテーブルについた。野生の動物――貘《ばく》が、新しい遠出を試みる顔をして、人里へ下りて行ったようなことであった。

以下は辻邦生と真継伸彦の対談[*9]からの抜粋である。

辻　「真継さんは最初にぼくたちが出っくわした時のことを覚えていますか」
真継「文藝の会ですね」
辻　「ぼくは実にこまかく覚えているんです。何回目かの文藝の会かは忘れたんですがね。中央線で飯田橋まで来て、長い鉄橋を渡って出口に出たのね、その途中で、当時〝文藝〟部員だった河出書房の貝塚（隆俊）さんに会ったんです。何気なく話しながら行ったら、君がぼくらの前をとことこ歩いていたんです。それで出口を出た所で〝真継さんです〟って紹介されたわけね。君は割合ブスッとしているでしょう」
真継「はァ、そうです。人見知りするたちで……」
辻　「なんだか、おっかない人だなァと思ってそれでも二言三言話をしたんです」
真継「あの頃〝近代文学〟に発表していられましたね。ぼくも同じ頃〝近代文学〟に……」
辻　「よく書いていてらしたでしょう」
真継「いや、ぼくは一つだけです。〝地獄谷めぐり〟という、非常にその……今から思うと恥かしい題でして」
辻　「いや、そんなことはない。そうそう、あれでしたね」（中略）
真継「ああいう〝文藝〟の会なんかに行くと非常に恥かしかったですね。人見知りすることのほか、坂本一亀編集長という人も無口なんですね。……坂本さんはみんなに喋れ、喋れという。何ていうかな、口頭試問のような感じでよく喋らされたわけなんですけれども、ぼくは会に行く前は、よく酒を飲んでましたですね。しらふじゃ喋れないから」

辻「そうですか。しかしね、考えてみると、あの会で坂本さんにとても可愛がられていたのは――坂本さんの申し子みたいなのは真継さんだったでしょう？」

真継「いや……」

辻「坂本さんはいろんな新人を育てたけれど、少なくともあの時の坂本さんの波長に真継さんの波長が合ったという、そういう感じは確かにあった」

真継「まあ、そう言われればそうだったと思います。やはり坂本さんの場合、小田実と高橋和巳と私が一番気が合ったんじゃないかと思います。坂本さんという人はどちらかといえば、あなたが目指してらっしゃる文学の方向に、つまり様式を強調する傾向の方に、あまりシンパサイゼーションがなかったかもしれない。最近の流行語でアイデンティティというのがありますけれども、フランス語で authenticité ですが、魂の深みから発するものという意味なんだそうですけれども、そういうのが露骨に見える作品が好きな人じゃないかと、ぼくは思うんですがね」

後藤明生と小川国夫は、「文藝」の会からの呼びかけによって目覚めた現実を綴り、辻邦生と真継伸彦は初めての出会いと、坂本一亀の得手《えて》とする作家たちの方向についても語りあっている。

文学は本来、孤独に内面を掘り下げていくものであるけれども、志を同じくする同世代の人々との交流によって、眠れるものが引き起こされ、刺激され、実りに結びつく機会になれば、それは成功であるだろう。またそれが互いの連帯をうみだすことになれば励ましになるだろう。坂本一亀はそうした機会を作ることにより、次代を担う若者たちに夢を賭けたのに違いない。

「文藝」の会で初めて会った立原正秋と小川国夫は親しくなり、のち二人の往復書簡をまとめた本を出す。[*10]立原正秋は坂本一亀を「つむじ曲り」の「雷編集長」として登場させている。立原正秋が「文藝」の会で活発に司会をしていた姿や、編集部にたびたび現れて坂本編集長と話していた様子を思い出すが、しかし結局、彼の小説を坂本一亀は載せなかった。この書によると、稿料を支払ったうえで載せなかったことになっている。事実ならば、坂本一亀のなかで、ためらいがあり踏み切れなかったのだろう。

坂本一亀はのちに語っている。[*11]

新人のとりあげかたには、いろんなやりかたがあるでしょうが、ひとつは持ち込み原稿をよく読むこと。それから同人雑誌をよく読むことですね。同人雑誌批評は載せているが、編集者自身は作品を読んでいない場合も多い。すべては読めませんから、これというものを同人雑誌批評をやっておられる方から聞いて読んでもいい。読むだけではだめで、一篇でも良い作品に出くわしたら編集者は直接その書き手に会うか手紙を出して書くことをすすめる、そういうやりかた。それから、著者や執筆者から推薦してもらうということ、これが三つ目。四つ目は新人賞を設けることです。さらに五つ目があると思うんです。これはなかなかできがたいけれども、編集者が地方に出かけることなんです。同人雑誌やその他で日ごろねらいをつけた地方に出かけて、そういう同人雑誌の人たちと会って話し合い、激励し、書かせることです。表にまだ出ていない、どこにどういう書き手がいるかわからないですからね。（中略）

「文藝」が出はじめたら、余裕も時間もなくなるから準備期間中に、すくなくとも関西と北海道だけに行きたいと思った。まず関西へ行った。そこで高橋和巳と会ったわけです。（中略）ぼくが出かけて行かなくても高橋和巳は出たかもわからない。しかし出かけて行ったことによって、彼が書く意志決定をしたことはたしかだと思っています。

「文藝賞」は中・短篇部門、戯曲部門、長篇部門と三種類を設け、選考委員会を年に三回行った。二年間に六回、新人賞の選考を行ったのであるから、通常の雑誌の六年分である。

選考委員の一人であった寺田透が二十年後に述懐している。[*12]

それにしても僕たち詮衡委員もよくやつたものだと思ふ。賞に三部門あつたといふことは、この場合年に三回発表があつたといふことで、それには編集部の報告によると四時間もかけたことのある（第一回中・短篇部門）詮衡委員会が一々先行してゐたのだ。よくもやれたと自賛したくなる……

二年間に六回もの新人賞の選考を行うことは、委員たちのみならず、編集スタッフにとっても重労働である。複写機もワープロもなかった時代に、本誌の実務を進めながら、選考委員に送る候補作品をタイプ印刷で作成するのは激務であった。二年間で終わったからよかったものの、これ以上続いていたらスタッフは体がもたなかったであろう。実際にストレスから胃を悪くして降りた者も出ていたのだ。坂本編集長時代の会社の役員会は、いつも坂本一亀の部下の酷使ぶりばかりが問題になっていたそうだ。しかし役員たちは溜め息をつくだけで、なすすべがなかったらしい。坂本一亀には誰が何を言っても無駄であることがわかっていたからである。連日深夜帰宅、休日は殆どなかったと思う。もちろん残業料や休日出勤手当などはない。もっと長く続いていたら、スタッフだけではなく坂本一亀自身もいずれ倒れたことだろう。坂本一亀には一瞬一瞬を命がけで突き進み、倒れればそれで本望、といった気配があった。

当時、フランス文学に関する仕事で関わっていた菅野昭正は言う。[*13]

「金曜日に翌週の月曜までに原稿を書くようにといわれたことがありました。書きあぐねていると、日曜日に突然アパートにやってきた。2時間ほど話して書けないかもしれないというと〝徹夜して下さい〟といわれました。」

締切りが切迫しているとき、二時間は貴重である。菅野昭正の談話は、坂本一亀の非合理な面を皮肉っぽく指摘したものだろう。

坂本編集長時代の「文藝賞」受賞者のリストを見ると、「文藝」新人の会に出ていた人が多い。それは坂本編集長が直接その書き手に会って書くことを勧めた効果であったと言えるだろう。

第一回中・短篇部門受賞者が田畑麦彦、西田喜代志、佳作が柘植《つげ》光彦、後藤明生、松尾忠男、長篇部門が高橋和巳、戯曲部門は受賞作なし、佳作が古島一雄、近藤耕人、松原正、朴秀鴻、第二回中・短篇部門受賞者が真継伸彦、佳作が竹内泰宏、八登千代、長篇部門受賞作なし、佳作が三輪秀彦、三枝和子、戯曲部門は受賞作なし、佳作が藤本義一、古島一雄。

この時の五名の選考委員については、その頃会った林達夫から、

「錚々《そうそう》たる顔ぶれですな。一国一城の主《あるじ》たちだ」と言われたが、当時は埴谷雄高と福田恆存が五十歳そこそこ、野間宏、寺田透、中村真一郎はまだ四十歳代であったのだ。

この「一国一城の主たち」が五名顔を揃えた選考委員会はいつも激烈で長時間を費や

したが、圧倒的な支持を得て決定したのが高橋和巳の『悲の器』であった。

高橋和巳の『悲の器』による登場については、坂本一亀の追想のなかに詳しく記されているので次の章で辿ってみよう。

＊1　「文藝」復刊まで　一九八二・十二「文藝」
＊2　第一回文藝賞の頃　一九八二・十二「文藝」
＊3　文藝賞の思い出　一九八二・十二「文藝」
＊4　『青年の環』を書き直し始めた時　一九七一・三「文藝」
＊5、6　復刊のころ〈対談〉坂本一亀×寺田博　一九八七・十二「文藝」
＊7　冬眠とめざめ　一九七一・三「文藝」
＊8　〈文藝の会〉と当時の私　一九七一・三「文藝」
＊9　辻邦生作品全六巻――3月報「文藝」の会のころ　一九七二・十二　河出書房新社
＊10　『冬の二人』文藝の会のころ　一九九六・八　小沢書店
＊11　復刊のころ〈対談〉坂本一亀×寺田博　一九八七・十二「文藝」
＊12　文藝賞二十年の感想　一九八二・十二「文藝」
＊13　墓碑銘　二〇〇二・十・十七「週刊新潮」

10　高橋和巳、真継伸彦など

一九六一年の秋から一九六三年の夏までに六回開かれた「文藝賞」の選考委員会では、福田恆存の、剃刀《かみそり》のように切れ味鮮やかな発言が強烈に印象に残っている。こんなふうにすっぱり切られたらかなわない、小説家でなくて良かった、などと二十四、五歳の頃の私は目を見張りながら聞いていたものであった。

中村真一郎が醒めた感想を記している。[*1]

……創刊三月号に発表となった中・短篇部門であるが、これには田畑麦彦の『嬰へ短調』を私は強引に当選作に主張した。（中略）田畑氏の作品に、福田氏が「書きたいことが何にもないところから小説を書くやり方だ」といって、私を見つめて一瞬、にやりと笑ったのが、私と田畑氏とを串刺しにした批評として、今でも鮮やかに心に残っている。いかにも福田氏らしい、足もとをすくうような俊敏な評言だと思い、我が身が突き刺されているのも忘れて、掌《て》を拍《う》ったのである。……

福田恆存とは少し違ったが、異を唱えるとき強固な姿勢を貫いていたのが寺田透であった。「僕は絶対反対、絶対反対！」と、テーブルの上の筆記用具で湯飲み茶碗を叩きながら激しく反対の意思表明をしていて賑やかであった。それは埴谷雄高がしばしば回想のなかに記している季刊同人雑誌「序曲」の座談会での寺田透の、羽目を外した〝荒れぶり〟を、いくらか想像させ得るものがあった。

福田恆存は際だった秀才の見本のようであったが、寺田透はわんぱく型秀才といった趣きがあった。けして妥協しない寺田透がもっとも強く推奨したのが高橋和巳の「悲の器」であって、何にでも辛辣な福田恆存さえ、これを落としたら今後入選作はなくなると言って、寺田透に同調したのだった。

高橋和巳の「悲の器」が「文藝賞」で当選するまえの会社の状況を坂本一亀の、十年後の追想[*2]から抜粋しよう。

十年前、昭和三十六年六月下旬、私はきみと初めて会った。

その年の二月「文藝」復刊が社の役員会で正式にきまった。準備に忙殺される私のなかに、いくつかの編集方針が次第に形成されていった。その一つに、新人発掘のことが大きい比重を占めた。三十年代の初めに、石原・大江・開高・深沢という人が次々に登場したあと、真に新人の名に値いする書き手が出ていないこの数年、かならずや実力ある人たちの雌伏《しふく》していることを確信した。それを全国的に呼びかけ、かつ糾合したいと思った。そのために、まず新人賞の設置を考え、「文藝賞」と命名する。特長の一つは、長篇小説を応募対象にしたことであろう。一方、新人賞のみに依存してはいけない。東京と地方を問わず編集者みずからが出向いて、それらの人たちと膝つきあわせて語りあうべきだ、そのなかから一人でもいい、出てくれれば、と願った。

そこで坂本一亀は、前章で記した「新人の会」をもうけ、都内近辺の新人たちを集め、自身は北海道、関西へ足を運んだ。関西では、同人雑誌「ＶＩＫＩＮＧ」から多くの新人作家を世に送った富士正晴の協力を得、また京都の「日本小説を読む会」の多田道太郎の推薦も得て、高橋和巳、山田稔、杉本秀太郎、沢田閏、などと初めて知り合うことになる。高橋和巳からは、「文藝賞の選考委員の名を知って日ごろ自分の敬愛している文学者であるので嬉しく、応募します」という意味の発言があったという。

そして「文藝」復刊第一号が近づいたころ、坂本一亀は高橋和巳から一通の速達を受け取る。それは、応募原稿が完成したので、上京して持参したいこと、ついては枚数が規定より超えたが許容願えないか、という依頼だった。坂本一亀は選考委員にはかり、承知の旨《むね》を高橋和巳に返事した。

当時は複写機がなかったので、大事な長篇原稿は持参するのが普通のことであった。

五十年も前のことになるが、高橋和巳が九〇〇枚以上の長篇小説「悲の器」を小脇にかかえて、古い木造建物だった河出書房新社の二階に現れたときの様子は、今でも鮮明によみがえる。背の高い色白の青年は、物静かな関西なまりで話す、作家というよりも少壮学者といった趣があり、あんなに痩せてて、よく長いものを書く体力があるなあ、と仲間の社員が呟いていたものだ。その夜、高橋和巳は坂本編集長の自宅に一泊したそうである。まだ新幹線がなく、日帰り往復の出来ないころだった。

持参した原稿「悲の器」は、選考委員の中村真一郎だけが消極的であったが、残る四人の選考委員は積極的で当選作となった。

一人の新人作家が登場するまでに、いかに一人の編集者の努力の積み重ねと対象への愛情が働いているか、という経緯を示すものだろう。

「編集者はサラリーマンであってはならない」というのが、坂本一亀の持論であったが、それは坂本一亀自身が、サラリーマンに徹した仕事が出来ないということなのではないか。人間同士の接触であれば、誰でも、ビジネスとばかり割り切ることは出来ず、相手によって人間的な思いを抱くことは当然でもあろうが、坂本一亀の場合は、それが通常人の場合よりも特に強いように私には見えた。坂本一亀は、いわば全身全霊をかけて、つねに精魂こめて仕事に立ち向かう編集者であり、おざなりな進め方を嫌った人である。

「文藝賞」選考委員の一人であった埴谷雄高が「悲の器」のころについて次のように書いている。[*3]

……坂本一亀君は「VIKING」に『憂鬱なる党派』を載せはじめた高橋君に注目して、是非長篇小説を応募しろと激励したのであった。翌年、『鮫《さめ》』が当選した真継伸彦君の場合もまたそうであるけれども、坂本君は新しい長篇作家を生みだすべく、何人もの若い作家を文字通り叱咤激励しつづけて、応募させたのであった。

（中略）

山の上ホテルでおこなわれた授賞式に高橋君はたか子夫人と同道して上京してきたが、その式の直前になって坂本一亀君が私のところへ近づいてきて、済まないけれど、選者の代表として賞状を読んで下さいというのであった。

いったいこういう授賞式で賞状を読んだり、正賞、副賞を渡したりするのは、その社長なり幹部なりがおこなうのがしきたりであるのに急に私にいってきたので私が文句をいうと、いや、選者のかたにやっていただくことになってるんです、お願いしますというばかりであった。そのとき、確か、福田恆存は欠席しており、ついにやむなく、私が賞状を読んだり賞を渡したりすることになったが、隅の席から呼びだされた高橋君と鹿爪らしく向かいあった私は、すぐ眼前に並んでいる新聞記者諸君の前で照れており、そして、その照れた私を前にして立っている高橋和巳君も気持が落ちつかなかったと思われる。

その授賞式のあと、隣りの部屋でみなテーブルについた祝賀会に移ったのであったが、いま想い返すと、高橋君の隣りに坐っているたか子夫人に相済まぬ挨拶をそのとき私はしたのであった。高橋君が文学者として立つことになるといろいろな新しい事態に直面するだろうが、そのなかに女性の問題もあるだろうことを奥さんは覚悟しておいてもらいたいといったのであった。

実際、恐らくは有史以前から、男と男は他の動物の相互扶助《ふじょ》とはことなった「計画的本能」をもってひそかに互いを助けあいつづけて、女性の知り得ぬ、また、介在し得ぬような男子共同体の領域をつくってきたのであるが、そのような共犯性によって私達が果たして何をまもり得たのか、何を育て得たのか、それは、これまた恐らくは、未来の共産主義社会の天国においても明瞭には示しつくし得ない何かであるに違いない。

高橋和巳は坂本一亀と出会う五年前に埴谷雄高を訪ねており、その後、「逸脱の論理——埴谷雄高論」を「近代文学」に二回に分けて発表している。埴谷雄高が記している「男子共同体」の「共犯性」については、その後、思い当たることがないでもないが、埴谷雄高も坂本一亀も「男子共同体」とあっては、女性である私が入り込むことは出来ず、こぼれ伝わってくる程度のことしか知りえないのである。

当時、作家たちは新宿ならば「茉莉花《まつりか》」「未来」「カヌー」などの酒場によくたむろしていた。埴谷雄高が書いている。*4

嘗《かつ》て、その多くが鎌倉乃至《ないし》湘南に住んでいた旧「文學界」組、小林秀雄から大岡昇平にいたるまでは、銀座の酒場や飲屋で、「成長」したのであるが、第一次戦後派と総称されるひとびとにはじまる戦後文学者たちは、銀座より「品格」が劣ってしかも混沌鬱勃雑然たるエネルギーを内包した新宿で「成長」することになったのである。

坂本一亀も作家や若い編集者たちと前記のバーで飲みながら、元気よく激論を交わしていた。野間宏や中村真一郎や篠田一士、丸谷才一、井上光晴、高橋和巳、真継伸彦などと一緒のことが多かった。酒を嗜《たしな》むことのない平野謙や黒井千次まで現れることもあった。坂本一亀がジナ・ロロブリジダに似たバーの美女に口説《くど》かれていた様子を離れた場所から見かけたことがある。そのとき彼は他の多くの男性たちのように、冗談で返したり、軽口をたたくことをせず、困ったように黙ったまま、深く首うなだれていたのが印象に残っている。坂本一亀は几帳面で実直な性格であったから、ツケであっても支払いはきちんとしていて、酒場では名物編集者として人気があった。

高橋和巳に続いて、文藝賞に『鮫』で当選した真継伸彦については、真継伸彦自身の回想を次に掲げよう。[*5]

日記を読みかえすと、私は昭和三十六年一月十三日に坂本一亀氏と会っている。面識は以前からあったのだが、氏はその日に私を神田のさるレストランに呼びだして、翌春に復刊される「文藝」に小説を書くようすすめてくれたのだった。

私はその二年前、三十四年の春に、「杉本克巳の死」という未完の長篇小説約三百枚を同人雑誌「半世界」に発表していた。反響はかなりあって、「近代文学」や「新潮」などいくつかの雑誌から原稿の依頼もあった。けれども私はそれから三年あまりのちに「鮫」を書きあげるまで、依頼をひきうけた原稿もほとんど書けなかった。

そんな最中に坂本氏から受けた申し出は力づよいはげましだった。私はその夏、「鮫」の一舞台である金沢の下宿で二月《ふたつき》がんばった。(中略)

ようやく「鮫」の前篇二百三十枚を書きあげて河出書房へ持参したのは三十七年の秋、第二回文藝賞中短篇部門の応募締切まぎわのことだった。その間一年あまり、私は坂本一亀氏からいくど叱咤激励されたかわからない。(中略)幸いに受賞したあとも、氏は私の原稿や校正刷をくりかえし読み、気にいらぬ箇所は読者の代表として注文するばかりか、自分で手をいれた。私はそれを元の文章にもどし、校正刷をみるとまた坂本案が実現されてあったりした。私はそういうやりとりのなかで、未熟な文章がしだいに矯《た》められてゆくのを知った。

真継伸彦が来社して坂本一亀の席の傍らに坐り、話し合っていたのを幾度も見かけたことがある。坂本一亀は真継伸彦を見るとお説教をしたくなるらしく、「イイカ」「ワカッタナ」という言葉が時折り洩れ聞こえてきていた。真継伸彦のほうは時々「はあ」「しかし……」と言いつつも、神妙な顔をして受け答えをしていた。真継伸彦はお説教の聞き役が上手だったのだろう。それで坂本一亀はますます説教ペースにのせられて気分よくお説教を続けてゆけたのだと思われる。この二人の交流のあり方には、外から見ているとどこかユーモラスな雰囲気がただよっていた。

真継伸彦は第二回の中・短篇部門の受賞者であったが、第一回の中・短篇部門の受賞をした田畑麦彦[*6]は当時を回想して次のように記している。

……私は、その当時「半世界」という同人雑誌をやっていて、その同人には、北杜夫や、なだ・いなだ、川上宗薫、佐藤愛子、宇能鴻一郎、平岡篤頼など、いま文壇で大いに活躍しているものたちがいた。（中略）私は応募したというより、当時の文藝の編集長の坂本一亀氏に、書いてみろ、とすすめられ、やっと期日に間に合わせて原稿を持って行った記憶がある。坂本氏は、そんな私の怠けぐせをつとに見抜いていた故《ゆえ》か、私の顔を見るたびに、

「お前の作品なんか、どうせ受賞になることなんかない、そのつもりでいろ」

と、氏独特のしぶい顔で私にいっていた。

私の作品が最後の何篇かに残っても、受賞ときまってからも、まだそうくり返していたような気がする。それが、私には、何故か温かく、記憶に残っている。

高橋和巳も真継伸彦も田畑麦彦も、坂本一亀の勧めで「文藝賞」に応募した人たちであるから、編集者坂本一亀の熱意と努力の実りと言えよう。

すでに十代の頃から早熟の才で名を馳せていて著書も出していた坂上弘も、「文藝」新人の会に出ていた一人であった。

坂上弘にも当時を振り返った回想[*7]があるので抜粋しよう。

> 昭和三十五年に会社勤めをはじめた私はそれから約二年間小説を書かなかった、ということが、当時の「文藝」の編集後記でわかってびっくりした。はじめて「文藝」に、「同棲」という拙作がのったときの号で、貝塚隆俊氏が〝二年ぶりに世に問う〟と紹介してくれている。（中略）
>
> この頃の、小説は凡《およ》そ百枚という規準は自分の非力からして一番困った。拙作ののった三十七年九月号でも、小林勝氏九十枚、金子光晴氏八十枚、真鍋呉夫《まなべくれお》氏百枚となっているが、私のものは四苦八苦のすえやっと七十枚強にのばすことのできた

代物だった。そのうえ題をいくつか考えて渡したところどれも弱いと不採用になった。「なに、同棲？　それで行きまっしょ。強い。同棲がよかです」と電話でこちらを鼓舞してくれたのは坂本一亀氏であったと記憶する。私は咽喉がつっぱる思いで目を白黒させ、「その、同棲というと、あまりに……」と口ごもった。会社の席なので、女子社員が不思議そうにこちらを眺めていたからだ。……

「文藝」新人の会に出ていた人では小佐井伸二の小説「死者は結婚しない」も、この年の「文藝」復刊二号に載っている。初々しいリリカルな純愛小説で、十年後、短篇集『ある埋葬』に収録された。坂上弘も小佐井伸二も、当時は二十代の若者たちであった。

新聞社の海外特派員として多忙だった日野啓三は、「文藝」の会には出ていなかったが、初めて書いた小説「溶けろ、ソウル」が、復刊四号目の「文藝」に掲載された。「近代文学」や同人雑誌で評論を発表していたが、坂本一亀は「小説ヲ書カセロ！」と、部員の貝塚隆俊に命令したのだった。

＊1　文藝賞の思い出　一九八二・十二「文藝」
＊2　回想　一九七一・七「文藝」臨時増刊・高橋和巳追悼特集号
＊3　『悲の器』の頃　一九七一・七「文藝」臨時増刊・高橋和巳追悼特集号
＊4　森泉笙子『新宿の夜はキャラ色』跋文　一九八六・九　三一書房

＊5　文藝賞受賞の前後　一九七一・三「文藝」
＊6　浦島太郎の弁　一九八二・十二「文藝」
＊7　あの頃　一九七一・三「文藝」

11　山崎正和、井上光晴など

文藝賞による出現ではなかったが、二十九歳の新人劇作家山崎正和の「世阿彌《ぜあみ》」による登場も、坂本一亀編集長の「文藝」が残した足跡の一つである。山崎正和は福田恆存から坂本一亀への紹介であったという。

一九六三年十月号の〝文藝後記〟に坂本一亀編集長は書いている。

今月の創作は新人作家の四篇を掲載した。その一篇の戯曲「世阿彌」が掲載前・上演前に「岸田戯曲賞」を受賞したことは異例と考えられるが、作者・山崎氏とともに喜びたいと思う。独立した演劇・戯曲の賞が三、四を数える現在、雑誌「新劇」が主催するこの「岸田戯曲賞」は新人を対象とする唯一のものと思うからである。

当時から今に至るまで、日本の雑誌では戯曲の掲載をあまり歓迎しないものである。詩や戯曲は雑誌掲載時も、また本になったときも、小説ほどの読者数を得られないので、出版社は敬遠しがちなのである。坂本一亀が「文藝」誌上に戯曲や詩の掲載を積極的に行って、幅広いジャンルの交流をはかったのは英断であったのだ。

山崎正和の代表作の一つともなった戯曲「世阿彌」は雑誌掲載の翌年の、一九六四年九月に、すでに「文藝」編集長を退いた坂本一亀によって単行本化された。作者のあとがきに、「坂本一亀氏の再三の御尽力なしに、この本は到底《とうてい》あり得なかったことを銘記しておきたい。」と記されているから、この本の刊行は容易なものではなかったのだろう。その後、五年たって、この本は、坂本一亀から担当を引き継いだ編集者藤田三男によって新装版が刊行されている。

新装版のあとがき[*1]に作者山崎正和は記している。

戯曲『世阿彌』を書いて、それが私の最初の本になつてからほぼ五年になる。たまたま機会があつて、その本の完成をまたずに私はアメリカへ発つた。イェール大学の町、ニューへイヴンの暗い下宿の廊下で、送られてきた五冊の見本を受けとつたことを、昨日のことのやうにおぼえてゐる。

この五年間の変化として、戯曲の出版が目に見えて盛んになつた。戯曲を文学として味はふ楽しみが、少しづつだが日本にも復活するきざしではないかと思はれる。

（中略）

初版以来、戯曲『世阿彌』が経験した事件を一、二書き加へて置かう。この出版が機縁となつてそれは英語に翻訳され、一九六五年の冬に、ニューヨークで実験的なかたちで上演された。私自身この公演の準備に立ちあつて、そのとき味はつたさまざまの悲喜劇は旅行記『このアメリカ』のなかで報告した。その後、一九六八年に『世阿彌』は独訳され、日本戯曲のアンソロジーの一部として、東独 Volk und Welt 社から出版された。「光と影」といふ主題の図式が、ドイツ語になると一層強く浮かびあがる事実は、作者にとつて興味深い発見であつた。

作者山崎正和は戯曲『世阿彌』が外国で高い評価を得た経緯を記しており、日本でも、一九六三年秋の俳優座の千田是也《せんだこれや》による初演以来、ミュージカル化された松本幸四郎主演の上演など、数十年間、長い生命を保ち続けている。

坂本一亀が「文藝」誌上で詩や戯曲をとりあげ、広く投稿を呼びかけたことから、当時は毎日、詩の原稿が数多く送られてきていた。同人雑誌類は二冊ずつ送ってもらい、一冊は同人雑誌評を書いてもらっていた中田耕治へ送り、もう一冊は坂本編集長の机の上に置くのが常であった。詩の原稿は生原稿であったので、紛失を恐れて、私が段ボールの箱ごと大きな風呂敷に包んで篠田一士の家へ運んだものだった。その頃は、複写機もなかったし、宅急便もなかったのである。送られてきた多くの作品のなかで篠田一士が、将来有望だと指摘していた若者がいたが、その人はその後長く著名な詩人として活躍した。

「良イト思ッタモノニ感想ヲ付ケテ出ス！」と坂本編集長から命令された詩誌のなかで、飯島耕一や多田智満子、渡辺武信の詩に感想を付けて出した記憶がある。

新米編集者であった私には初めて見る名前であったけれど、すでに知られていた詩人たちの名前を挙げた私のことを、坂本編集長は詩を読める部下だと思ったらしく、次から次へと詩の雑誌を渡され、夜遅くまで感想を書かせられたものだった。

戯曲作品は「文藝賞」の戯曲部門に廻されたが、福田恆存の期待ほどには劇作家の輩出を見なかったようであった。

山崎正和の「世阿彌」が「文藝」に載ったころに、やはり話題を呼んだ作品としては井上光晴の「地の群れ」が挙げられる。

井上光晴が「地の群れ」を書いた頃を回想した文[*2]がある。

一九五八年五月三日、私は一日中、長崎、浦上天主堂の小止みなく驟雨《しゅうう》の降り注ぐ瓦礫のなかにいた。四月十四日午前八時から始まった原爆廃墟の打ちこわし作業はすでにあらかた終了しており、教務室の前に横倒しにされた聖母マリア像の傍に、身じろぎもせずひとりの男が佇んでいたが、マリアの首を盗む青年のイメージが生まれたのはその瞬間である。

「地の群れ」のノートを実際に書きだしたのは一九六三年二月一日だから、ほぼ五年間、そのイメージはあたためられていたわけだ。一九六二年秋、文藝編集部から小説執筆（三百枚前後）の依頼を受けた時、原爆の未来を撃つという主題はようやく動きだすのを感じた。しかしなかなか筆はすすまず、当時の日記をめくると、編集長であった坂本一亀氏との間に、かなり激しいやりとりをかわしたことがひんぱんにでてくる。「坂本一亀頑迷。催促をきびしくさえすれば傑作を書けるというものでもあるまい。間に立つ川上（和秀）君には気の毒だが、むしゃくしゃ当り散らしてしまう。土台、ワンカメ（注＝一亀氏のこと）は小説がわかっているのか。三章全体がごたごたしているとぬかしやがった。……」

「ワンカメの石頭にはほとほとまいる。電話の喧嘩ではラチがあかないので、千歳《ちとせ》烏山《からすやま》まで彼の自宅をたずねた。結末に関する黒白をはっきりつけるためだ。論争は平行線。ついに業《ごう》を煮やして、どちらのいい分が正しいか、坂本夫人に決着をつけてもらおうと私はいう。夫人は私のいい分に荷担。ついにワンカメは折れる。……」

注釈をつけねばわかるまいが、坂本一亀氏は「地の群れ」の姿勢を根本的に支持しながら、終始、表現をもう少し簡明にせよと主張、私と対立していたのである。ノートの加筆訂正を繰返して、原稿をなかなか渡さぬことも、彼の神経を苛だたせる一因ともなっていた。

それでもようやく完成した日、私は最後の原稿を編集者に手渡し、その足で北海道に出立した。「朝日ジャーナル」の風土記（石狩川）を書くためである。石狩町の商人宿から打電した表題は「アツイヒョウ（熱い雹）」と「カイトウシンデン（海塔新田）」。しかしそれもまた坂本氏は気に入らず、北海道から帰るまで悶着《もんちゃく》をつづけた。そのため羽田空港には川上和秀氏が出迎えていたが、その顔を見た途端、「地の群れ」というタイトルがでたのは妙であった。

井上光晴のこの記述にあるように、当時、坂本一亀と井上光晴が激しいやりとりを交わしていた日々を、会社で近くの席にいた者たちは思い出すことが出来るだろう。低い小声で電話でボソボソ話しあっていた坂本一亀の声のトーンが突然怒鳴るように大きくなり、周りの者がいっせいに目を向けると、青筋たてて苦虫嚙《か》みつぶしたような表情の坂本一亀が、ガチャンと激しい音をたてて受話器を置くのであった。そんな光景が何日も繰り返されていた。坂本一亀も井上光晴も直情径行型の九州男子で、どちらも譲らず、喧嘩の応酬のようであった。最後まで決定を見なかったのは題名で、坂本編集長が井上光晴の主張する「海塔新田」という題をどうしても気に入らないまま、原稿は印刷所に入れられた。

編集長と著者との間にはさまって困りきった担当編集者の川上和秀は、いろいろな題名を考えた末、ついに一つの題を考えだし、出張から戻ってくる井上光晴を羽田の飛行場でつかまえて了承を得たのである。「地の群れ」という題名は、担当の川上和秀が付けたものと私はずっと思っていたが、本人に問い合わせて確認をとったところ、次のような話を聞くことが出来た。

川上和秀は困惑のすえ、詩集のなかに良い語句がないものかと思い探したところ、ボオドレエルの詩集のなかに「血の群れ」という詩句を見出し、さまざまな血をもった人々が集まった群れだから、よいのではないかと思い、羽田の飛行場へ駆けつけたのだそうである。井上光晴と川上和秀は朝日ジャーナルの編集者と一緒にタクシーに乗り込み、タクシーのなかで井上光晴は、「血」の文字は生ま生ましいから、と言って、「血」を「地」の字に変えたのだそうだ。しかしこの題名もまだ坂本編集長には気に入らず、苦い顔をしていたままだったという。そしてこの題名に行きついた経緯については、坂本編集長には何も話していないとのことであった。

坂本一亀の軍隊式命令の前では、部員たちはつねに結果を報告するだけで細かいいきさつなどを説明する状況ではなかったのである。

坂本一亀は「俺ノ命令ダッ！」「言ウ通リニシロッ！」と、言論の暴力ともいえる問答無用の命令を下すワンマン編集長であった。

井上光晴は坂本一亀のことを、ワンカメと呼んでいた。ほとんどの人はイッキさんと呼んでいたが、正式にはカズキと読むらしい。まれにイチカメさんと言う人もいた。

井上光晴は坂本一亀のことを「頑迷」「石頭」と書いているが、私も、坂本一亀を押し入れに閉じ込めて外から心張り棒をかいたい、と何度か思ったものである。男性仲間たちはポカポカ殴ってやりたいという思いをたびたび抱いたようだった。

井上光晴は、長い闘病生活ののち、一九九二年五月三〇日、六十六歳で他界した。「地の群れ」のころについて、坂本一亀が長い追想文を寄せている。一部を抜粋しよう。*3

雑誌「文藝」を復刊する前年であったから、あれは昭和三十六年の暮れちかく、野間宏さんがきみを紹介してくれ、新宿秋田の二階で大いに飲み、大いに語った。酔うにつれ、ぜひ書いてくれ、と幾度もたのみ、きみは、かならずいいものを書く、と何べんも言った。初対面のふたりは旧い親友のごとく意気投合したのだった。

（中略）

復刊「文藝」は翌三十七年春から出発し、きみは六月号に「鱶《ふか》の谷」百枚を書いてくれた。そして翌三十八年の春、おれのとっておきのものだ、どうしても書きたい、書かねばならない、と会うたびごとに話していた小説「海塔新田」二三〇枚を手渡してくれたのだった。家にもち帰り、徹夜状態で読んだ。まず初めは通読し、二度目は表現・構成の細部にわたって便箋にノートしながらゆっくりと読む。二三〇枚が五、六百枚の長篇にも感じられ、これは傑作だと思った。読後の感銘、その重さ、その強さ、その詩情が消えなかった。しかし、手を入れればもっとよくなる作品だと直感した。

二日後の夕方五時、新宿茉莉花でおち合い、便箋二十枚のノートを見ながら一枚目から読後感を述べはじめた。三時間のあいだ、きみは終始だまったまま聞いていた。細かい表現上のことはともかく、題名を変えること、一部分を独白体にすること、結末を書き足すこと等々は、きみの逆鱗《げきりん》にふれるかもしれないと思っていたが、一言「わかった」ときみは言った。

手直しされ、改題された「地の群れ」二五〇枚は八月号のトップを飾った。泥絵具をぬりたくったような作品、暗い小説、どす黒い熱気、地獄絵図、ラディカルな前衛小説――批評家はいろいろな感想を紙上に書いたが、一様にこの月いちばんの作品たることを認めていた。

「手を入れればもっとよくなる作品だと直感した。」と坂本一亀は記しているが、彼はその「直感」を、「創造」に向かって膨らませていく編集者であった。

新宿茉莉花とは、前章でも触れたように、作家や編集者が行く新宿にある酒場であり、酒場もまた坂本一亀にとっては仕事場であった。

井上光晴と坂本一亀は、酒場・茉莉花でよく怒鳴りあい、取っ組みあっていた。

「首すじが何かひんやりするので振り向いたら、ワンカメが僕の襟元からビールを注ぎいれていたのよ。この野郎！　と、僕のほうがねじふせちゃったよ」

と、井上光晴が大声でおもしろおかしく話していたのを、何人かで笑いながら聞いたことがある。

＊1　新版『世阿彌』あとがき　一九六九・十一　河出書房新社
＊2　「地の群れ」を書いた頃　一九七一・三　「文藝」
＊3　「地の群れ」のころ・井上光晴追悼文集『狼火はいまだあがらず』　一九九四・五　影書房

12 黒井千次、丸谷才一など

坂本一亀の偏執的とも言える熱心さ、依怙地《いこじ》なほどの固執ぶりについては、水上勉や井上光晴の記述によってもすでに証明されているけれども、もう少し若い世代の黒井千次も、坂本一亀との仕事について詳しく書き残しているので次に掲げよう。[*1]

最初に「文藝」に小説を持って行ったのは一九六二年のことだから、坂本一亀編集長のもとに復刊されてしばらくたった頃だろう。その頃、月一回日曜日の午後に「文藝の会」という集りが開かれていて、ぼくもそれに参加していた。そこで、何か書いてもって来い、と坂本編集長に言われたのだったろうか。

八〇枚程の作品だったのだが、それからが大変だった。当時の記録をとりだしてみると、一月の中旬に書きあげて読んでいただいた原稿を、三月の末までかかってまず書きなおしている。八月までが二回目の書きなおし。次の年の二月までに三回目、六月中旬までが四回目。一つの原稿をかかえての一年半、あらゆる季節の木造河出書房の印象が頭にやきついている。

暑い土曜日の午後、会社の帰途(といっても、そういう日は「文藝」に行くついでに午前中会社にちょっと立寄るのだという気分だったのだが)原稿をさげて埃っぽいきしむ階段を昇って行く。眼鏡を光らせて机にむかっていた坂本さんは、顔をあげると小刻みにうなずいて立って来る。湯沸場の隣のような小さな部屋で話をきくうちに、物凄い夕立ちが建物をすっぽり包んでしまう。南側の窓にかけられた青い簾《すだれ》の間を水滴が横につーっと走るのを見ながら、坂本さんが自分で汲んで下さった薄い麦茶を飲んでいると、そこは雑誌の編集部や出版社ではなく、峠のお茶屋のような感じさえした。

話の内容は、しかし決してのんびりしたものではなかった。最初は言われることに素直にうなずいていたぼくも、回が重なる度《たび》に疑問が大きくなって来る。坂本さんも苛立って、こういうふうにならないだろうか、とポキポキと何かを折る口調で指摘を繰返す。そう出来れば文句はないんで、それが出来ないから苦労しているんじゃないか、という熱い言葉が危うく口からとび出しそうになる。

これでまた文句を言われたら、もう原稿をひきとろう。これでも駄目なら、もういいです、と今日こそ言おうと思いながら真中のすり減った木の階段を何度も昇った。それと同時に、これだけやったのだからもう意地でもこいつを「文藝」の活字にしてもらわなければ引返せないという気持ちも渦巻いて来る。一年半たった夏から、ふっと原稿の往復はとだえた。原稿はぼくの手もとにはないのだから、もうどうにでもなれ……。

ある昼休み、ぼくは丸ビルにある冨山房《ふざんぼう》の書店にふらりと立寄った。分厚く積まれた「文藝」の目次を開いた時、「二つの夜」というぼくの作品の題名が嘘のようにそこにあった。一九六三年の十一月号である。あわててそれを買い求めた。

その日、出産のため妻は病院にはいったところだった。まだ生れるのは明日だろう、という妻の白いベッドに置いた「文藝」の表紙が、黄色い地に裸婦を描いたものであったのを今でもはっきりおぼえている。

執筆者に連絡をしないで突然作品を掲載することは殆どあり得ないことである。この文を読んで考えてみたが、坂本一亀の回想[*2]によれば、この年の八月末に編集長の交替が内定しており、十二月号での退陣が決定されているので、坂本一亀の編集権限は、九月入稿分（十一月号）と十月入稿分（十二月号）ということになる。それで九月入稿の十一月号に急遽《きゆうきよ》、手元にあった黒井千次の原稿を入稿したのではないかと推察できるのである。坂本編集長の「文藝」では、空いたスペースを広告で埋めるということはせず、大小のイラストやコラム欄で埋めていたため、原稿を早めに印刷所へ入れねばならず、原稿締切りが他誌よりも早かった。原稿は月の上旬から印刷所へ入れていたので、坂本一亀は八月末の解任内定後、ただちに残り二か月分の目次内容を決め直したのではないかと思われる。黒井千次の原稿は九月上旬に印刷所へ送られたのだろう。坂本一亀はすべての原稿、すべてのゲラ刷りを自分で読んでいて、けして人任せにはしなかったから、自分が黒井千次の著者校正を代行したのに違いない。

しかし掲載誌は、執筆者全員に速達で送っていたから、黒井宅にも行き違いかもしれないが、雑誌は届いていたはずである。

黒井千次のこの記述は、はからずも当時の坂本一亀の心境をのぞかせて興味あるものである。坂本一亀は自分が編集長を退いたあと、交替した編集長によって新人黒井千次の作品が誌上に載る機会のなくなることを感知しており、自分に権限のある最後の期間に急いで新人黒井千次の作品を印刷所に送り込んだのである。

ここに書かれている黒井千次の作品「二つの夜」は、六年後に、私の企画した黒井千次の最初の作品集『時間』に収められ、河出書房新社から刊行された。『時間』は芸術選奨新人賞を受けて、何度も版を重ねたのであった。

坂本編集長時代の最終号（十二月号）に短篇「闇のなかの黒い馬」を寄せた埴谷雄高はこの作品を書くにいたったいきさつを、のちに書いている。[*3]

……私達、いわゆる戦後派は、彼の根気強い、親切な、ときには、酒癖の悪い痛烈な世話をうけたが、彼の長い苦労に最も報いなかったのは、私なのであった。書きおろし長篇を、僅か一枚、書いたと彼は言い張り、いくら難解屋の私でも、マラルメふうな一枚だけ、を彼に渡した覚えはないが、さて、業をにやした彼は、ついに私にこう宣言したのである。つぎの号で、自分は編集長をやめるが、一度くらい小説を書いてくれなければ、アキマヘンデ——と、悲しげに、また、凄みを帯びて、彼は私に迫ったのである。（中略）

そこで、こんどこそ彼の苦労に報いねば、生涯の別れだという恐怖感？　に駆られた私は、一篇の小説を書いて彼に確かに手渡したが、さて私の原稿を一枚ずつめくった彼は玄関に立ったまま、がっくりし、暫《しば》らく一語も発しなかったのである。というのも、私の小説は、十五枚にも足りない超短篇で、どう組んだらいいか、彼の眼の前は忽ち真っ暗になったのである。出来上がった雑誌では、大きな構図の絵をいれて、その超短篇ぶりをなんとかごまかしているけれども、彼は最後まで閉口したに違いない。

これが、『闇のなかの黒い馬』で、この一篇を坂本一亀の長い苦労と強迫？　にこたえて書いたことが、夢と存在についての九篇の超短篇群を書きつづけるきっかけになったのであった。

坂本一亀が自分の編集の最後の号にどうしても埴谷雄高の小説を、と願ったのは理解できるように思える。それは二十七歳の若き日の、書き下ろし長篇小説の約束のときから続いていた悲願であったのだろう。そしてその悲願に応えて、のち立派な書物となった『闇のなかの黒い馬』の冒頭にあたる部分となった原稿を書き上げた埴谷雄高に対しても、読者として喜びたい思いがするのである。

編集長の交替による編集方針の変更によっても、以前から予定されていた吉行淳之介の連載は始められたが、中村真一郎の「空中庭園」、阿部知二の「裂氷」、野間宏の「青年の環」は雑誌掲載を打ち切って、以後は書き下ろしで進行してもらうことに会社側の決定がなされたのであった。

中村真一郎はそのときのことを記している。[*4]

……坂本編集長のもとで、私は今までで、もっとも本格的であると自負している「空中庭園」の連載をはじめ、編集長が竹田（博）君に替るに及んで中絶した。残りの部分を書き下し扱いにして、経済的にも償われるように配慮してくれたのも、坂本君である。お蔭で「空中庭園」は完結し、私は小説家として、ひとつの峰を越したという自信を持つことができた。……

しかし野間宏は会社のこの方針を納得せず、河出書房の社長室に異議申し立てに現れたのであった。河出社長と新しい編集長と、当時社長秘書をしており、翌年河出孝雄の急逝により社長になった長男の河出朋久とで話合いが行われ、河出朋久の支持によって

「青年の環」のみ、連載続行となったのであった。

野間宏はその時の当惑をのちになって書いている。*5


……この作品が「文藝」に連載中、「文藝」の判型が変ることになり、引きつづきこれを連載するか、どうかという問題が起り、私は怒り、また困惑したが、その時河出朋久がこの作品に対してあたえてくれた正確な取扱いを、私は忘れることが出来ない。……彼はこの作品を徹夜で、ぶっとおしではじめから読みおえ、そしてそれに強い支持を表明してくれたのである。


この頃、私などはまだ若く会社の経営事情に思いを馳せる気持などはなかったので、方針の変更によって迷惑を被る著者たちに同情を禁じえず、堂々と社に乗り込んで見えた野間宏の態度に、仲間たちとひそかに喝采を送っていたのであった。

だが野間宏は、小型版「文芸」では四か月間の連載後に病気休載となったため、あとは書き下ろしで「青年の環」の執筆を続けることになったのであった。

坂本編集長の「文藝」最終号には、埴谷雄高の「闇のなかの黒い馬」のほかに、小田実の中篇小説「折れた剣」、福永武彦の「賽《さい》の河原」、高橋和巳の「三島由紀夫小論」、福田恆存の「文壇改革論」、また、かつて坂本一亀の部下であって、他の出版社に移った竹西寛子の小説「儀式」など、坂本一亀のゆかりの人たちで目次が埋められ、坂本一亀の意志の結びを示している。

坂本一亀編集長による「文藝」は二年間足らずの期間であり、二十二冊が残されているにすぎないが、坂本一亀が同人雑誌「秩序（ORDO）」の人たちに依頼して翻訳作品の紹介をおこなったことも、編集内容に幅を持たせるものであった。

R・ムージルの「トンカ」（川村二郎訳）、S・ベケットの「鎮められぬ男」（清水徹訳）、マラマッドの「魔法の樽」（宮本陽吉訳）、テンドリャコフの「激流」（原卓也訳）、ボルヘスの「シナの迷宮」（川村二郎訳）、またE・マックレランの藤村論やD・キーンの近松論、等々である。

また一九六一年六月に死去した文芸評論家青野季吉の、人民戦線事件の一斉検挙、出獄後の一九三九年八月から敗戦近い一九四五年四月までの未発表日記を半年間にわたって連載した。

詩は毎号掲載された。現代詩特集、戯曲特集、正宗白鳥特集、森鷗外特集など多彩であった。

掲載された詩の筆者は、吉岡実、大岡信《まこと》、草野心平、黒田喜夫、多田智満子、田村隆一、寺田透、三好達治、村野四郎、金子光晴、風山瑕生《かざやまかせい》、西脇順三郎、小野十三郎、北村太郎、飯島耕一、原條あき子、中桐雅夫、高橋新吉、入沢康夫、渡辺武信、天沢退二郎、茨木のり子、会田綱雄、埴谷雄高、吉田一穂、山本太郎、鮎川信夫、岩田宏、谷川俊太郎、山之口貘《ばく》、金井直《ちょく》、井口浩、中村稔、安東次男などである。

戯曲は、三島由紀夫、有吉佐和子、古島一雄、田中千禾夫《ちかお》、戸板康二、椎名麟三、安部公房、山崎正和、松原正らの作品が載った。

表紙絵、カット類は、加山又造、小磯良平、麻生三郎、林武、棟方志功、高橋忠弥、柳原義達、福沢一郎、佐野繁次郎、寺田竹雄、鷹山宇一、佐藤忠良、初山滋、横山操、駒井哲郎、中本達也、鳥海《ちようかい》青児、香月《かづき》泰男、海老原喜之助、その他の画家たちの作品で飾られ、表紙構成は原弘、本文構成は真鍋博であった。

毎号「日本文学消息」と「海外文学消息」の匿名ページがあり、執筆者の才筆ぶり、博識ぶりが話題になっていたが、この筆者はそれぞれ丸谷才一と篠田一士であった。

丸谷才一、篠田一士、菅野昭正、清水徹らはたびたび坂本一亀の席のそばで見かけたものである。

旧い木造の建物の狭い木の階段は、巨体の篠田一士が上がってくると、きしみ音をたてた。坂本一亀が耳ざとく聞きつけて、「篠田ガ来タゾ！」と言うと間もなく、篠田一士が力士のような大きな姿を悠然と現すのであった。

一九七三年九月に河出書房新社から刊行された丸谷才一の著書『彼方へ』のあとがきに、著者は次のように記している。

『彼方へ』は一九六一年（昭和三十六年）二月に完成した中篇小説である。この前年十月、わたしの最初の長篇小説『エホバの顔を避けて』が刊行されている。しかし『彼方へ』の発表は遅れた。二つの雑誌から断られたあげく、当時復刊を準備中であった「文藝」の編集長、坂本一亀氏に託されて、翌年十月号の同誌に掲載されたのである。ちなみに「文藝」は一九六二年（昭和三十七年）三月号をもつて復刊している。ただし『彼方へ』は、紙数の制約のため、わたしがいくぶん縮めたものが「文藝」に発表された。その完全な形のものにいささか手を加えたのがこの本にほかならない。

実を言うと、『彼方へ』は久しい以前から刊行をすすめられていながら、校正刷りに朱を入れるのを怠つていたのだが、今般ようやく約を果たすことができたのはまことに嬉しい。これは単にわたしにとつて愛着の深い若書きであるだけではなく、またわたしの作品系列にとつて極めて重要な作品だからである。……

ここで作者が「わたしの作品系列」と言っているのは、日本社会の現代風俗を巧みに描いて話題を呼んだ、のちの書き下ろし長篇『たった一人の反乱』や、同じく書き下ろし長篇『裏声で歌へ君が代』や、書き下ろし長篇『女ざかり』などの系列を指し、中篇『彼方へ』は、その流れの第一作目ということなのだろう。

「二つの雑誌から断られ」とあるのは、公表されている坂本一亀の日記[*6]のなかの、「一九六一年五月三一日（水）夕刻、丸谷才一氏来社。『新潮』『文學界』から断られた二〇〇枚の小説をあずかる。」という記述と一致するのではないかと思われる。

坂本一亀は他の文芸雑誌が飛びつくような作家には背を向ける編集者であった。「彼方へ」は、他の雑誌が断った作品であればこそ、彼の関心をそそったのに違いない。

坂本編集長の「文藝」に松本清張の連載が載ったのは、前述したように河出社長の要望であったからであり、坂本一亀の企画ではなかった。

「文藝」の発刊準備中に「文藝」新人の会に来ていた宇能鴻一郎が、芥川賞に決まったことがあった。坂本一亀はそのとき、宇能鴻一郎から預かっていた小説を本人にさっさと返却してしまったのである。坂本一亀は自分の目で新人を発掘したかったのであり、いわば、他社の後塵《こうじん》を拝するようなことになるのは厭《いや》だったのである。作家の卵が芥川賞作家として脚光を浴びた途端、彼にとっては色褪せたのだろう。

坂本編集長の「文藝」退陣について、当時の読売新聞の文化欄に、「その足跡は残る」と題して遠藤周作の次のような記事[*7]が載った。

私はこの欄でしばしば、戯曲と詩とを文芸雑誌がもっと取りあげるべきだと、主張してきた。

ところで「群像」今月号の「侃侃諤諤《かんかんがくがく》」をみると次のような言葉がある。

「遠藤周作さんのおだてにのって勇敢に詩や戯曲を掲載してた純文学雑誌の編集長は、たちまちクビになってしまいました」

その純文学雑誌とはもちろん「文藝」のことであろう。もちろん、この文章の筆者はこうした逆説をつかいながら、詩や戯曲を掲載しない小説一点ばりの純文学雑誌を「中途半端なところで満足している」と批判しているのであるから、私はからかわれても悪い気はしないのである。

しかし「文藝」の編集長がクビになったとは、少し大げさだが、彼の時「文藝」は決して悪い雑誌ではなかった。私はたとえば高橋和巳の「悲の器」のような長篇を発掘したり、また山崎正和のようなすぐれた戯曲家を見いだして「世阿弥」を発表した功績だけでもあの雑誌の足跡を忘れはしないのである。……

そのころ、三島由紀夫に会ったとき、「ついに坂本さん退陣か、うーん」と腕組みしていた複雑な表情が印象に残っている。三島由紀夫からは「『悲の器』の志の高さに感心した。近ごろの新人には珍しいね。高橋和巳ってどんな人？」とか「こんど川端康成論を書いている辻邦生ってどういう人？」とか「井上光晴の『地の群れ』は面白かった。こんど家に招待するつもりだけど、来てくれるかしら」とか、訪問するたびに聞かれたものだった。知らない人が次々と登場してくる「文藝」に興味があったのだろう。

＊1　黄色い表紙の「文藝」一九七一・三「文藝」

＊2　回想　一九七一・七「文藝」臨時増刊・高橋和巳追悼特集号
＊3　三つの音楽化作品　一九八九・春季号「文藝」
＊4　「文芸」と私　一九七一・三「文藝」
＊5　『青年の環』の環　一九六六・一「文藝」
＊6　「文藝」復刊まで　一九八二・十二「文藝」
＊7　〈発射塔〉その足跡は残る　一九六三・十二・十一　読売新聞夕刊

13 平野謙『文藝時評』、いいだ・もも、辻邦生など

前章の冒頭に、出産のために入院した妻の白いベッドに黄色い表紙の「文藝」を置くという、短篇小説のような情景が描きだされている黒井千次の文を紹介したのだが、黒井千次が「僕の息子はテレビ局で坂本龍一の担当です」と言っていたのは、おそらくこの時生まれた坊やなのだろう。

「僕は息子に、坂本龍一のお父さんは偉い人だったんだよ、と言い聞かせています」と黒井千次は続けて言った。

私はその時、昔、黒井宅を仕事でしばしば訪れたとき、学校から帰宅したランドセルを背負った坊やの姿を目の前に浮かべ、そのランドセルが丈高い少年の背に小さく見えて何やら愛らしかった様子を、一瞬ぼんやりと思いだしていた。そのため、黒井千次に「偉い人」という意味について聞きそびれてしまったことを、あとで悔やんだのだった。

坂本一亀の足跡を辿ってみると、先鞭を付けた仕事の連続で、確かに「偉い人」に違

いないとは思うのだが、その横暴ぶりは「偉い人」とはとても言い難く、坂本一亀は周囲の人々にとっては、しばしば「困る人」でもあったのである。

軍隊方式は、職場で通用するものではない。井上光晴ならずとも、取っ組みあって打ちのめしたいと思う人は何人もいたのではないだろうか。坂本一亀が出社しない日があると、その日はほっとして伸び伸びしたものだった。

「文藝」復刊の準備期間中に、私と一緒に入社が決まっていた男性編集者は、スタッフの会合のときの、「君タチハ僕ノ手足トシテ、僕ノ言ウ通リニヤッテモラウ！」という坂本一亀の宣告に、驚いて入社を辞退してしまったのである。私は新米であったので、手足以上のことは出来まいと思っていたから、神妙に拝聴していたのだった。

一人前に仕事が出来る編集者は、坂本一亀とともに長く仕事を進めることは出来ない。当時、河出の編集者で、別の部署にいた藤田三男は、「決してスタッフとして働きたくないものだ」と記しているが、[*1] それは大方の本音であったろう。

私もある時期からは、坂本一亀の理不尽な命令には従わなくなっていた。坂本一亀が「文藝」の編集長を退陣し、出版の仕事で再び私の上司になって以後のことである。

「偉い人」に違いない坂本一亀が先鞭を付けた仕事のひとつとして、文芸時評を一冊の本にまとめた企画の斬新さが挙げられるだろう。

現在では出版が当たり前のようになっているが、文芸時評に索引を付けて初めて単行本にしたのは坂本一亀の着想である。

一九六三年八月に出版された平野謙の『文藝時評』の、長いあとがき*2の一部を紹介しよう。

戦後十八年間の「文芸時評」をあつめて、ここに一冊の単行本として出版することになった。最初に出版しないかとすすめてくれたのは、現「文藝」編集長坂本一亀であった。出版してもらいたいような、もらいたくないような気持で、私はぐずぐずしていたが、その間、すでに年余を経てしまった。私のためらいは、まず第一に「文芸時評」なるものが単行本にすることを予期して書かれていまい、ということからきている。（中略）より作品月評的な性格をもつ文芸時評だけをまとめて一冊の本にしたのは、川端康成の「文芸時評」という選集の一冊以外にないように思う。それも選集の一冊だったから一本にまとめられたのであって、普通の単行本だったら、川端康成にまとめる気を起させたかどうかは、疑問だといえよう。（中略）すくなくとも批評家のはしくれたる私が作品月評的な文芸時評だけをまとめて一冊の本にするのは、批評家としては私が最初ということになる。（中略）しかし、私は戦後に書きためた私の作品月評をはじめて通読してみて、私一個としてはすっかり忘れていた文学現象をいろいろ思いだしただけではなく、私の作品月評が、よかれあしかれ、批評家のウラ芸的なものから次第にオモテ芸的なものに変ってきているのに気づいた。これが私をして一冊の本にする決心をさせた主な理由である。（中略）

……はたしてこの一冊にどれだけの意味があるか、その評価は一切読者諸君に委ねられてあるわけだが、ひそかに私の希《ねが》うことは、営業的にもあんまり不成績ではなくて、ほかの批評家の「文芸時評」も続々本になるような機運が生れぬものか、ということである。そうなったとき、はじめてそれは文学史的な一史料としての意味を持つにいたるだろう。……

「文芸時評」を初めて本にすることに、揺れ、迷った心境を平野謙は吐露しているが、この本の出版を契機にして、ほかの批評家の「文芸時評」も次々と刊行されるようになったのだから、平野謙の言う「文学史的な一史料としての意味」は成ったのである。

著者の平野謙から、あまり高価になると読者が買えなくなるから自分の印税分を五パーセントにしてほしい、との申し出のあったことが伝えられ、私たち社員は感激したものだった。それは通常の半額を指し、著者に払う印税が少なくてすめば、その分で定価を下げることが出来るからである。

それでも定価九八〇円で、当時としては高価な本であり、今の価格に換算すると十倍ほどになるものと思われる。最初の試みだったので、専門書なみに刷り部数が少なかったのであろう。

来社した平野謙に、ご本購入致しました、と伝えたところ、高い本を気の毒だなあ、と言われて、帰り道に洋菓子をご馳走になったことを思いだす。

この書は毎日出版文化賞を受け、のち普及版が再刊された。一読者としての私は、文学辞典などを繙《ひもと》くのと同じように『文藝時評』を開いて調査に用いており、大変役にたっているのである。

平野謙は当時社のあった近くの大学に通っていられたのでたびたび会うことがあり、私が雑誌編集の部署から出版に移ったとき、自分の本を編んでほしい、と言われた。私は張りきって、さっそく平野謙のエッセイ集の企画書を作って提出したが、坂本一亀に「平野サンノ本ハ僕ガ作ルカラ、君ハ出サンデヨロシイッ!」と退けられてしまったのであった。その後も、平野謙に会う機会があると同じことを言われたが、当時の若かった私はどうしても事実を説明することが出来ず、もじもじと困ったように曖昧な微笑を浮かべていたのだった。今思えば、なぜ事実をはっきり言わなかったのかと悔やまれるが、多分、もし事実を説明したら、あとから「著者ニ余計ナコトヲ言ウナッ!」と坂本一亀に怒鳴られるのを慮《おもんぱか》る気持が働いていたからだろう。

さて、「文藝」編集長を、二年たらずで退陣を余儀なくされた坂本一亀はただちに、小田実や、「文藝賞」から登場した高橋和巳や真継伸彦などを糾合した〝書き下ろし長篇小説叢書《そうしよ》〟の企画をたて、その推進にあたることになる。

当時、坂本一亀のつくった内容見本を開くと、高橋和巳『憂鬱なる党派』、辻邦生『夏の砦《とりで》』、いいだ・もも『神の鼻の黒い穴』、井上光晴『抱擁』、開高健《たけし》『ある日、都は……』、丸谷才一『笹まくら』、真継伸彦『光る聲《こえ》』、小田実『現代史』、以下続刊とある。

このなかでは、開高健と井上光晴は約束だけで書かなかったのである。書けなかったのか、あるいは初めから書く気がないのに約束をかわしたのか、本人たちの亡き今となっては知るすべはない。この内容見本に推薦文を寄せた平野謙は、井上と開高は書かないよ、と笑いを含みつつ私に予言したが、結果はその予言通りになったのであった。

坂本一亀は単独でこの叢書の進行にあたりながら、「文藝」で掲載した、前記の中村真一郎の長篇『空中庭園』の完結と単行本化、山崎正和の『世阿彌』の単行本化などを進めていた。また「新日本文学」に途中まで掲載された、いいだ・ももの大作『アメリカの英雄』の出版も、この時期のものである。原爆投下のパイロットを主人公にした一五〇〇枚の野心作で、主題の衝撃性と翻訳小説のパロディを用いた文体の斬新さとで話題を呼んだ。

さらに「文藝」に一部連載した「青野季吉日記」も一九六四年七月に坂本一亀によって単行本化され、毎日出版文化賞を受けた。

そして野間宏もまた、長篇『青年の環』を書きついでいたのである。私が再び坂本一亀のもとで仕事をすることになったのは、書き下ろし長篇小説叢書の執筆者の進行と野間宏の原稿が多くなってきて、坂本一亀一人の手に負えなくなってきた、この時期であった。私は小型版「文芸」の部員であったが、一九六五年春、出版の部署に移って、坂本一亀から野間宏の『青年の環』の担当を命じられたのである。私はそれまで野間宏の作品のよき読者ではなかったので、ただちに『暗い絵』から『わが塔はそこに立つ』までの長篇群の俄《にわ》か勉強に取りかかったのであった。

『青年の環』の内容見本が準備され、桑原武夫が四冊本の『青年の環』を「重戦車四台の壮観」と書いた宣伝用の推薦文が話題をよんだ。そのころ「新潮」に四部作『豊饒《ほうじょう》の海』の連載を始めていた三島由紀夫は、「野間さんが重戦車四台なら、僕はスポーツカー四台でいこう」と言って楽しそうに笑っていた。

書き下ろし叢書の進行で忙しくなっていた坂本一亀は、「君ハ三島ノ担当ヲ藤田君ニ替ワッテ貰ッテ、書き下ろし叢書ヲスルッ！」と私に命令を下したので、私は野間宏の『青年の環』の推進とともに、書き下ろし叢書の仕事の手伝いをもすることになったのである。

新しい日本の文学〝書き下ろし長篇小説叢書〟の内容を記したパンフレットには、伊藤整、中村真一郎、椎名麟三、三島由紀夫、平野謙、江藤淳、野間宏、埴谷雄高、の八名が推薦文を寄せている。戦前の新鋭・書き下ろしシリーズに加わった伊藤整の文を紹介しよう。

河出書房が新鋭の書き下ろし小説叢書を出版するという。河出は昭和十年代と戦後と二回にわたってこの企てをした。昭和十年代には、故河出孝雄社長のもとで私も選ばれて、島木健作氏の『生活の探求』阿部知二氏の『幸福』などにつづき、

『青春』という小説を書いた。三十歳を出たばかりだった私は初めて長篇小説を書く機会を与えられて、いささか興奮し、自分なりに努力したことを覚えている。戦後派の人々の力作が集中的に河出から出たのも記憶に新しいことである。短篇中心の戦前と違って、長篇小説ははじめから一冊に書き下ろされるのが本当であるということもよく分かってきた。だから、この企画の意味は一層大きいものがあるだろう。これが成功して、更に多くの新人が参加するようになってほしいものである。

最初の打ち出しの、高橋和巳の『憂鬱なる党派』は、かつて同人雑誌「VIKING」に一部発表されたものを全面的に書き直したものである。刊行した一九六五年当時のことは、坂本一亀の高橋和巳追悼のなかに回想[*3]されているので、次に掲げよう。

九月、きみは重大な決意のもとに、きみが生れ、育ち、きみが学んだ関西の地を引きはらって上京し「従来の如き、勤務が主、創作が従という時間構成はきっぱり顚倒《てんとう》させたく、それなりの覚悟もしてはおりますが、不安感の全くなきにしもあらず、あらためて御指導、御鞭撻をお願いする次第であります。学問の世界においても実に面倒な不文律やマナーのあります如く、おそらく文壇にも型こそ違い守るべき作法のあることと推測しますが、今後はそうした面でも、忌憚なき御忠告をもたまわれば幸せに存じます」という手紙に心境を吐露し、創作に専念すべく鎌倉に移り住んだ。そして「今後は三島由紀夫さんがなすってられるように、毎日必ず何枚か規則正しく書き規則正しく生活し健康にも留意する方針をとるつもりです」という。書き下ろし長篇『憂鬱なる党派』は、鎌倉に住んでから、きみの言う「規則正しく」最終的手入れを一気に完了して十一月に刊行した。

高橋和巳が関西を引きはらって鎌倉へ移ってきてから、坂本一亀との交流は以前に比べてより繁《しげ》くなっていったと思われる。

息子の龍一が、「家に来ていた作家でよく憶えているのは、小田実と高橋和巳。小学校のときからよく来ていた。朝まで飲んでいるわけ、ワーワー言って」と語っているのは、この前後のころなのだろう。小田実はもっと前からであったろうけれども。

この頃、高橋和巳が新聞に*4「みやびと野暮」というエッセイを発表し、そのなかで「文化に新しい活力がそそぎこまれるのは、世界の都市文化の中心であるパリの流行を追う目さきのきいた人々によってではない。たとえ荒けずりであっても、本質的な問題に食いさがって、痴《こけ》の一念のごとく初志をつらぬく野暮な精神によってである」と書いてあったのを、私と傍の同僚は、これ、坂本さんのことじゃない？　そうそう、そうに決まっている、と顔を見合わせて笑いあったことがあった。

『憂鬱なる党派』の刊行後まもなく坂本一亀は胃病で倒れ、翌春まで会社を休むこととなった。さきに、坂本一亀が出社しない日はほっとした、と記したが、今度は、頻繁に坂本家へ出向いて指示を仰がねばならなくなったため、そのための往復の時間がとられて、私は物理的にかえって忙しい羽目に追い込まれることとなったのである。

坂本一亀の病気欠勤中に、野間宏の『青年の環』が打ちだされ、真継伸彦の書き下ろし長篇『光る聲』が刊行された。私は、それぞれの書物のゲラや、いいだ・ももの原稿や、装丁類の運搬で頻繁に坂本家に通った。坂本一亀は一ミリのずれも許容しない上司であったから、極端に言えば、一ミリの直しのために千歳烏山の坂本家と神田の社屋を往復することになるのである。会社の同僚たちは、〝烏山出張所通い〟と称していた。

龍一少年が奥でピアノを弾いていると、坂本一亀は「リューイチ！　ヤメロ！　ヤカマシイ！」と怒鳴るので、龍一少年は何も言わずピアノを弾くのを止めていた。会社では坂本一亀が休むと安堵する人がいても、家族にとっては坂本一亀が会社にいるほうが気楽なのではないか、と私は想像したりした。

龍一少年は、ときには父親が装丁の印刷物について私に指示しているそばで見ていることもあったけれど、殆どいつも伏目がちに黙っていた。夫人は活発に夫君に対応していたけれども龍一少年が父親と元気に会話を交わしている場面には一度も遭遇したことがない。おそらく龍一少年は幼いころから賢くて、無駄なエネルギーを費やさない智恵をそなえていたのかも知れない。そして一人っ子によくあるように、他者の介入し得ない独自の世界を、自分のなかで育んでいったのだろう。

真継伸彦の『光る聲』、いいだ・ももの『神の鼻の黒い穴』、丸谷才一の『笹まくら』、辻邦生の『夏の砦』は、この年のうちに、すなわち一九六六年に相次いで刊行された。

小田実の『現代史』は二七〇〇枚にも及ぶ大長篇となり、上・下二巻に分けて二年後の一九六八年十一、十二月にそれぞれ刊行された。『現代史』にはベテラン編集者の杉山正樹が、坂本一亀とともに取り組んだ。

真継伸彦の『光る聲』は、「ハンガリー動乱の時代における思想の劇が内側からのべられているので、高橋和巳とともに正統戦後派の名にはじない野心作」(日沼倫太郎)との評や「近頃珍しい精神の緊張を味わった小説体験であった。この一年間ぐらいの小説のうちの最大の力作と呼んでもいいように思う」(奥野健男)と書かれて、新人の力の入った書き下ろし長篇として世評は好意的に迎えいれた。

いいだ・ももの『神の鼻の黒い穴』も多くの書評に取りあげられた。

「詩人いいだ・ももは無手勝流で実験小説をかきあげた。……戦争という大きな犠牲を払ってかちえた自由の恐ろしさと空しさを、自由がつぎつぎと無内容のまま不自由に転化するありさまを、見せつけられるといってもいい。……いいだは強烈なパンチでたたきだしてみせた」(木島始)、「森羅万象、ありとあらゆるものをすべて言語におきかえ、言語映像化しないではやまぬ言語の使い方の独自さ」(丸山静)など。

原題は『神の鼻のでっかい黒い穴』であったのを、坂本一亀が「でっかい」をとるように要請したという。

丸谷才一の『笹まくら』が出たときは、高橋和巳、真継伸彦、いいだ・ももに続く「四番バッター」（佐伯彰一）という評も出た。

「徴兵忌避の問題を扱って、芸術的に成功した長篇」（平野謙）、「若手のすぐれた小説家よりも批評家が現れて欲しいのであるが、ここにひとりの若手のすぐれた小説家が現れたと考えざるを得ない」（吉田健一）など称賛された。

辻邦生の『夏の砦』についても、「私にとって忘れ難い作品である。造形化、あるいは言葉の組織が究極の点をめざしているという意味で音楽に比較し得る作品である」（森有正）、「小説の内的空間の構築において、『夜半楽《やはんらく》』、『崩解感覚』、あるいは『風土』よりもはるかに堅牢で、深い領域をきりひらいたことだけはたしかである」（篠田一士）など支持の評が続出したのである。

そしてずっと遅れて刊行された小田実の『現代史』についても、「『現代史』を私は一気に読んだ。激しい爆裂がいたるところで起っていながら、何の変化もおとずれることがないかのような一九六〇年代の全体像に、はじめて迫った作品である。……これは小田実のもっとも大きな長篇であり、またその最良の小説である。まさに『現代史』である」（野間宏）という圧倒的な評価が出たのだった。

だが何よりも次のような評が、坂本一亀の企画の意図を受容したものといえるだろう。小田切秀雄の評である。[*5]

……わたしは、高橋のも真継のもいいだのも、どれも成功作だとは思うことができないが、それらを一貫している文学的な冒険の意志には敬意と共感とをもっている。この叢書は、マス・コミの部品として多数の読者めあての手なれた才気ある作品ばかりが大量に生産されている現代文学の世界のなかで、注目すべき文学的な試みを組織しているという点で意義深いシリーズだと思っている。……

冒険の意志、試みと実験、力のはいった野心作、といわれる評価こそ、新人の長篇にはふさわしい。そしてさらに坂本一亀の場合、この指摘のように多数の読者めあての現代文学界に対する抵抗と挑戦が、こうした企画を推進させる原動力となっているのである。

さて、この書き下ろし長篇小説叢書に参画している新人たちは、すでに坂本一亀によって本が刊行されている作家たちが多いが、辻邦生の参加は埴谷雄高の推薦であったという。辻邦生は「近代文学」に連載した長篇小説『廻廊にて』により、一九六三年に「近代文学賞」を受けた新人[*6]だった。

辻邦生と埴谷雄高の対談のなかから、当時の状況について語っている部分を抜粋してみよう。

「廻廊にて」を書いてから後、まあ今もそうですが、前の作品よりも次の作品に全力をかけようと考える——次の作品で、前の作品ではたせなかったことをしようと考えるわけで、少しでも次の作品を新しく、という気持がありましてね。その時はちょうど次の長い作品を書きたいと思って考えてたところに、書き下ろし長篇の話が河出の坂本一亀さんからあったわけです。そしてそのメンバーに加えていただいたのは埴谷さんの強力な推薦があったということで、僕も大いにありがたかったし、これは奮起せにゃいかんという気持でした。その前にも「文藝」の会で真継伸彦とかその他の小説家の人たちに逢ってましたけど、書き下ろし長篇の集まりの時に、初めて、高橋和巳、丸谷才一、小田実なんかと逢ったんです。……あの作品は最初の書き下ろしでもあるし、僕は非常に精密なノートをとって用意周到にはじめたんですね。未だかつて、あの作品ほど準備を完全にして始めた作品はないんです。そして実際に年月としても三年半かかりました。枚数が七五〇枚ですから、三年半かければかなり緻密にできるはずなんです。そして、第一稿を書きましてね、それを書きおえてみると、自分で不満なんで第二稿を書いたんです。そしてその第二稿を坂本さんの所に持っていったわけです。すると坂本さんは全然不満なんです。で彼の家に呼ばれて、とにかく一つ一つの場面をチェックされたわけです。僕も黙って聞いてたわけですね。そうして彼はそれを福永武彦さんの所に持っていった。福永さんは七五〇枚を一人称だけで通し、しかも非常に議論の多い小説だから、最初の書き下ろしとしては不利だろうという意見なんですね。もうちょっと主題を明確にしてダイナミックな形にした方がいいんじゃないか、というんで、第三稿を書いたんです。それが今の『夏の砦』なんです。……とにかく三度書き直したんですからね。

『夏の砦』刊行から十年後、坂本一亀が河出書房新社を退社する挨拶状を出した際の辻邦生の返信が、駒場の近代文学館に保管されている。『夏の砦』について触れた部分を[*7]引用しよう。

……書下し長篇のときの坂本さんの意気ごみ、純粋な情熱というものは、忘れがたい美しい思い出です。「夏の砦」も今になれば、坂本さんの言われたように、あれだけ書き直してはじめて正しい姿になったのだと思っております。その意味では坂本さんこそはあの作品の生みの親だったのだと思います。……

年月が経ったとき、坂本一亀の〝純粋な情熱〟を想起するのは、前に記した椎名麟三や水上勉の場合と共通する。坂本一亀の情熱の持続性を証明するものといえようか。
辻邦生は一九九九年七月二十九日、七十三歳で急逝したが、連載中の日経新聞の八月十五日号に、生前に書きおいてあった原稿「『文藝』と坂本一亀編集長」[*8]が掲載された。そこでは『夏の砦』の執筆について次のように記している。

私は坂本一亀に激励され、威嚇《いかく》され、叱咤されて、河出の長編小説にとりかかった。『廻廊にて』に続く第二作を書くべく精力を集中しなくてはならなかった。坂本さんはその第一稿に詳しく眼を通してくれた。ただ、河出の書き下ろし長編小説とは、書く方向も意識も全く異なっていたので、ある程度までその要請に合わせて自分の主題を処理するには、大変に苦労した。しかし、出版とは無縁な状態のなかで孤独に創作するのではなく、坂本さんのような熱心な編集者に側にいてもらって小説を書くということはある意味で贅沢な快楽でもあった。……

新人の取りあげかたの一つとして、著者や執筆者から推薦してもらうことを坂本一亀は挙げているが、小田実は中村真一郎の紹介であり、山崎正和は福田恆存の、辻邦生は埴谷雄高の推薦であったわけである。

真継伸彦の『光る聲』という題名は、初めは『光りの聲、海の聲』と付いていた。坂本一亀はそれを見て、

「長スギルッ！」

と一声発して、真ん中を削り、上下を詰めてしまったのである。

「光る聲というのは、どういう意味でしょうか」

と、私は著者の真継伸彦から聞かれ、いきさつを伝えると、真継伸彦は、しかたがない、

といいたげな、諦めたような表情で苦笑するのであった。

しかし私の友人の女流詩人は、この題名を見て、

「光る聲、まあ、何てきれいな響き! こんないい題名はとても思いつかないわ」

と、感歎の声をあげたのであった。

＊1 不器用な人—追悼・坂本一亀 二〇〇三・一 「槻の木」
＊2 『文藝時評』あとがき 一九六三・八 河出書房新社
＊3 回想 一九七一・七「文藝」臨時増刊・高橋和巳追悼特集号
＊4 みやびと野暮 一九六五・一・十六 毎日新聞夕刊
＊5 現代文学の主人公 一九六六・十一「文学的立場」
＊6 『夏の砦』まで 辻邦生作品全六巻—2月報1 一九七二・一〇 河出書房新社
＊7 坂本一亀宛て書簡 一九七六・三・十八
＊8 『のちの思いに』一九九九・十二 日本経済新聞社

14　野間宏『青年の環』完結、高橋和巳の死

坂本一亀が河出書房へ入社した年の、一九四七年の夏、「近代文学」に掲載された野間宏の『青年の環』の冒頭部分を読んで、単行本の申し込みをしたことはすでに記したが、一九六六年一月から、既刊本に大幅に加筆された『青年の環』の刊行が開始された。

このとき野間宏は『青年の環』の執筆経緯についてエッセイ[*1]を書き、その末尾を次のように結んでいる。

……この中絶していた作品を書き上げる力が自分にあることを私自身見る機会をあたえてくれたのは坂本一亀である。この作品を戦後ただちにまったく無名の私に出発させてくれたのは「近代文学」であるが、坂本一亀は中途で倒れていたこの作品をひき起こし、いつもの無理矢理な方法をつかってではあるが、最後までその少しずつ見えてきた大きな目標のところまで歩きつづけるようにしてくれたのだ。

埴谷雄高は先に坂本一亀について、「彼の根気強い、親切な、ときには、酒癖の悪い痛烈な世話をうけた……」と書き、「凄みを帯びて、彼は私に迫った」などと記したが、野間宏は、「いつもの無理矢理な方法をつかって」と書いて、ともに、坂本一亀の強引さ、粘りづよさ、執拗な意志について言及しているのである。

しかし「重戦車四台」の予定で出発した『青年の環』は、延びに延びて、完結したときは「重戦車五台」となり、原稿用紙八千枚にまで及んだのであった。私が『青年の環』の担当を命じられたときは、既発表分が二千枚以上あり、四千枚で完結の予定、と上司の坂本一亀から申し渡されたのである。そして一年余りの担当のつもりであったのが六年間にも及んだのであった。

坂本一亀は、通常の尺度では計れない特殊な人物であったが、野間宏もまた、常人ではない超特大級の作家なのである。

坂本一亀も野間宏も強固な使命感に支えられており、合理的な思考からはほど遠い人物たちであった。野間宏のゲラ刷りは縦横に加筆され、何枚も新しい原稿が挿入《そうにゆう》され、そのためのゲラの操作は困難を極めたが、坂本一亀は、判読不可能に近いほど作家の赤の加筆が入っていると満足げな表情を見せるのであった。

『青年の環』執筆中の野間宏は、不屈な意志を全身にみなぎらせて、脇目もふらずに前進していた。何人かの作家や編集者とで酒場に繰りだしても、野間宏だけは片頰に微笑を浮かべながら、口もとをへの字に結んで、静かに周囲に観察の眼を向けているのだった。野間宏だけは一人酔っぱらうことがなかったのである。そして時計の針が十時をまわると、僕は『青年の環』を書かなくてはならないから、と先に帰宅するのだった。夫人が付き添ってタクシーを呼ぶのが常であった。

その頃の野間宏は、一つの大きな目的に向かって邁進《まいしん》している作家の、緊迫感を伴った風格にみちていた。

坂本一亀も野間宏もそれぞれ違う意味で「超」の付く人物であったが、この二人の「超」が組み合わさると、ときに滑稽な状態が生まれることがあった。たとえば、坂本一亀は、『青年の環』のゲラ刷りの点検と操作のため、私を、一週間山の上ホテルに閉じこめ、ゲラ操作に集中させたので、私は十色書き替えの出来るイタリー製ボールペンと通行量調査で用いる小さい加算器を携えて、朝から夜まで『青年の環』のゲラ刷りと取り組まなければならなかったことがあるが、著者である野間宏と上司の坂本一亀が二人で一緒に、私を激励に現れるのであった。頑張ってください、と野間宏はおごそかに言い、坂本一亀は、ガンバレッ！　と私に掛け声をかけるのであった。著者がカンヅメになって、編集者が激励に赴くのが通常であるけれども、こういう珍奇な状態は、この二人が並みの人物ではないために起こり得るのである。

坂本一亀は自分を極限状況に追い込むことで充足感を味わう人であったが、部下をもまた同様な状態に追い込むことを欲する人であった。私が眼の酷使によって眼精疲労になり、頭痛に苛《さいな》まれて休養をとったとき、坂本一亀が満足げに、嬉しげに人にその話を伝えたのを、私は著者の一人から聞かされたことがある。私は原稿の読みすぎで「眼カラ血ヲ流シタ」と伝わっていたのである。

『青年の環』は、一九七〇年九月四日、最後の原稿を私が野間宅で受け取り、翌年一月、最終巻の第五巻が刊行された。

「野間さんが重戦車四台なら、僕はスポーツカー四台」と快活に笑っていた三島由紀夫は、一九七〇年十一月二十五日、自己の作品の完結とともに痛ましい最期を遂げていたのである。

『青年の環』の完結で、かつてこの作を連載したゆかりのある「文藝」が特集を組むことになり、野間宏の希望で大江健三郎との対談が企画された。対談は速記をおこす時間が必要なので、大江健三郎へは製本がなされる以前の、印刷だけが終わった段階でまだ表紙のついていない本文だけを前年のうちに届けたのだった。大江健三郎は既刊本四冊を長い時間をかけて丁寧に読みあげ、ついで最終巻を読んで対談に臨んだ。全五巻を読みおわったとき、広告用の推薦文を依頼したが、大江健三郎は、感動しました、と興奮の面持で言って一枚の原稿を手渡してくれたのだった。野間宏は私からの報告を聞いて、そうですか、大江君がそう言っていましたか、と大きく頷いていた。坂本一亀と私以外の、最初の読者は大江健三郎であった。

そのときの原稿は次のようなものである。

驚嘆すべき野間宏。ぼくは『青年の環』の最終巻における、まことにめざましい速度と緊張と多様さにしんそこひきつけられた。本当に小説を読むということの喜びにつつまれて、いま、すべての章を読みおわり、人間が、ある時代、ある現実を、その全体において経験する、というのはこうしたことなのだと、おののくように感銘するのである。これは質量ともに日本文学が、世界に誇るべき全体小説である。また、作家が、人間の魂の教師であることを、明日にむけて、いつまでも思いださせつづける真の小説である。

『青年の環』全五巻が刊行されると新聞各紙はいっせいに完成を報じ、書評が次々と出た。新聞記者はこの大作を読む時間がないので、著者へのインタビューで紙面を飾ることが多かった。そして野間宏宅へ出向く前に、担当の私のところへ寄り、小説の内容や経緯についての予備知識を詰めこんでゆく記者たちも何人かいたので、野間宏は、よく勉強している記者がいます、と感心していることもあった。

忙しい仕事に追われている人は読む機会をもつのが難しいが、学生たちにはよく読まれたらしく、若い読者からの手紙が次々と届いた。

『青年の環』は、一九六六年の発売から完結以後の三年間に限っても、増刷を重ねた結果、第一巻「華やかな色彩」五万六五〇〇部、第二巻「舞台の顔」三万九五〇〇部、第三巻「表と裏と表」三万五五〇〇部、第四巻「影の領域」三万三〇〇〇部、第五巻「炎の場所」三万二五〇〇部、と、延べにして約二十万部が売れたのである。その後、組み方を変えて十二冊本になって刊行された分を加えれば、より多くなるだろう。『青年の環』の完結から四年目に、それまでに出た夥《おびただ》しい書評類、論文類を『「青年の環」論集』として河出書房新社から刊行したが、その後に発表された評のなかから、作家の感想のいくつかを抜粋して掲げよう。

大庭みな子[*2]・野間宏がこの巨篇を完成したとき、いっきにその最後の部分を読み通し、彼の言う行と行の間の一字一字の言葉と言葉の間の空白の虚の世界の震撼するエネルギイに、わたしの両眼は涙を噴き、思わず立ちあがってやみくもに部屋の中を歩きまわった。

黒井千次[*3]・作品世界のなかで特異な事態が起こるのではなく、まさに読書体験として、自分がかつて経験したことも予想したこともないものの中に吸い込まれていくのを、恐怖に近い感覚でぼくは味わっていた。作品の中をのたうっているのは、ほとんど悪魔的な力であると思われた。それは作品を溢れて読む者に迫り、デモーニッシュな動きをほしいままにした。そのあまりに巨大な力が、あるいは読書という営みまでも破壊してしまいそうな気がしてならなかった。

岩橋邦枝[*4]・「青年の環」は、この作家の理論と創造の巨大な結晶である。およそ八千枚の小説が、終始一貫してすみずみまで独自な文体で埋まっている、その持続力の凄さ。そして細部のかがやきに、初期作品群の特質と魅力がみずみずしく生き続けている。

そして坂本一亀自身は、それから十数年後、

「あの〝華やかな色どり〟を書いた当時、三十二歳の作者は五十六になっていた。二十五歳の青年編集者も四十九になった。すでに編集者として老兵である。思うに、わが編集者としての戦後は『青年の環』完結とともに、あのとき終ったのかもしれない。[*5]」

と述懐するのである。

野間宏が『青年の環』の最終巻を執筆中に、それは故・河出孝雄を継いだ河出朋久社長のときであったが、会社更正法の適用を受け、会社の規模縮小のため、希望退職を募って多くの社員が退社したことがあった。動揺しやすい野間宏は、担当編集者の私もろとも完結間近の『青年の環』を他社に移そうとして大きく揺れ動いたが、種々の危機を乗り越えて、『青年の環』は完結を見たのだった。したがって『青年の環』が完成したときは、河出朋久社長は退陣し、そのとき役員の一人であった坂本一亀は、他の役員とともに現場を離れることが労働組合の要求によって余儀なくさせられていたのだった。

そのため社内の指揮体制は替わっていた。『青年の環』の完成をマス・コミが挙って取り上げ、野間宏が記者たちのインタビューに囲まれ、坂本一亀が深い感慨に沈んでいるとき、苦々しくその状況を見ている人たちが社内にいたとしても不思議はないだろう。私は新体制におけるS編集部長から、はっきり釘《くぎ》をさされたものである。

『青年の環』が、どんなに評判になっても、どれほど売れようが、会社の長い間の、野間宏への投資の大きさを考えたならば問題にならない。『青年の環』には元手がかかりすぎているのだ、と。彼は用心深く坂本一亀の名前は出さなかったが、坂本一亀とほぼ同世代にあたり、長い間、坂本一亀の仕事を見つづけてきて、坂本一亀に反感を抱いていた事実の明白な表明であった。お前はただ、坂本一亀の自己満足に加担したに過ぎないことを自覚しろ、と彼は暗に言っているようであった。それは『青年の環』の相次ぐ増刷に喜んでいる私への警告のようでもあった。

企業のなかの一員であれば、それは当然出てくる意見であるだろう。

坂本一亀が、編集者はサラリーマンであってはならない、と言っても、私はサラリーガールの一人であるには違いない。坂本一亀個人の夢やロマンの実現のために、一人の編集者の強烈な使命感の達成のために、企業が支援するわけではない。

坂本一亀の存在がなかったならば、そしてそれを支持する会社経営者の、『青年の環』執筆中の生活費負担という経済的支援がなかったならば、あの大作が書き続けられることはなく、野間宏の他のいくつかの長篇のように未完のままで終わったであろう。

S編集部長は、私が、書評新聞に『青年の環』の完成までについて書いた記録を見て、原稿料稼ぎが出来るだろう、と皮肉まじりに言ったが、経営難の書評新聞は私に原稿料を払ってはいない。担当の記者は、名声高き編集者である坂本一亀に原稿を依頼したのだが、すでに現場を離れていた坂本一亀が断って、現場編集者である私に執筆を廻したに過ぎない。

「『青年の環』の進行に自分が必要なように思い込むのは間違いだ。誰だっていい」と、S部長は重ねて私に言い渡し、私は黙って聞いていたが、『青年の環』は、私が志願して担当に付いたわけではない。早く完結することを最も願っていたのは、会社の経営陣とともに、私であったかも知れない。一つの作品の執筆途中で担当者が代わったら、野間宏は執筆を続けられなくなることが解っていたからである。

大長篇の場合は助手の存在が不可欠であり、私は出版社の社員であったが、野間宏にとっては『青年の環』の辞典のような助手的存在であったからである。登場人物が百人を超すため、野間宏は人物たちや筋がきについて、しばしば私に問い合わせながら執筆を続けていたので、途中で編集担当者が代ったら、その担当者はそれまで書かれた数千枚の量を暗記するほど読んで、頭のなかに収録し、著者の問い合わせにはすかさず返答出来るようにするとともに著者の書き違えをもチェックしなければならないのである。

木下順二は私に会うと、「『青年の環』を四回読んだ人」と人に紹介するので私も苦笑するのだが、いったい誰がこの大長篇の担当を途中から引き継ぎたいと思うだろう。私個人の正直な気持としては、自分が『青年の環』の担当でなかったならば、この作品のために費やした膨大なエネルギーを、どれほど多くの仕事に分散して注ぎ込むことが出来たか、という無念さがある。私はこの大作に拘束されて、長い間身動き出来なかったのだ。

しかし、量も時間も長すぎた『青年の環』のもたらした〝功罪〟について、今ここであれこれ考えるのは止めよう。

ただ、中田耕治による次のような視点[*6]も社外では存在することを紹介したい。

野間宏の「青年の環」は六部作、八千枚、戦後の文学の巨峰といってよい。この作品をめぐる批評を集めた『「青年の環」論集』が出版されたことも大きな意義があるが、私としてはこの作品の執筆をささえてきた出版人、編集者の努力に敬服する。

これと比較するわけではないが、アメリカの戦後作家、マーガリット・ヤングの処女作は、全二千ページ、五十七万六千語（日本語で四千枚）、一九四五年に着手され、実に十七年八ヵ月かかって完成、出版されたのが二十年たった一九六五年だった。

アメリカ屈指の出版社スクリブナーズの名編集者、マックス・パーキンズが彼女を激励したが、途中で亡くなった。しかし、出版社は約束を守り、その後三代にわたった編集長がいつも作家をはげましつづけた。

こういう作家も幸福だが、約束を守りつづけた出版社も偉い。普通の読者はあまり考えないことだが、優れた作品にはいつも優れた編集者の努力が重なりあっている。優れた編集者の手にならなかったすぐれた作品はない。

こういう意見もひとつの見方であるだろう。かつて坂本一亀の元で働いていたことのある、作家の竹西寛子が二つの出版社に勤めた体験から、「大学を出てすぐ入ったほうの出版社」、つまり河出書房について記述した文[*7]がある。それは一九五二年からの五年間までのことだが、その部分を次に引用しよう。

今になってみれば、その出版社が、詩、短歌、俳句、小説、評論、いずれの分野においても、種々の欠点はありながら、「先駆的」といえる集大成の「全集」「大系」を出している事実に心が動く。けれどもそこで働いているうちはよく分からなかった。三十年余り経って、経営者の文化に対する姿勢、出版人としての夢と志をそれとなく仰ぎ見る折がある。

ここで言われている経営者とは河出孝雄のことである。「夢と志」と記されているが、坂本一亀の夢や理想は、こういう経営者のもとにあって開花可能であったのに違いない。

実際、河出孝雄社長死後の坂本一亀は、以前の情熱を失っているように見えた。河出孝雄は一九六五年七月二十二日、心臓衰弱により、六十四歳にて自宅で急死したが、このとき坂本一亀は四十三歳、年齢的にも彼の編集者としての軌跡はすでに昂揚期を過ぎていたのである。

加えて、敗戦後の貧困と荒廃の時代を抜け出て、高度経済成長に向けて産業が拡大、膨張していく日本の社会状況のなかにあって、出版企業もまた近代組織として膨らみつつあり、坂本一亀のように主我意識の強い、〝個〟の創造精神が通用しにくい状況に変化していたことも、彼の情熱を衰退させる一因となっていただろう。

さて、『青年の環』完結とともに坂本一亀にとっての大きな出来事であったのは、その数か月のちの、高橋和巳の他界であったろう[*8]。坂本一亀は長い追悼文をいくつか書き残しているが、最期の頃を記した部分を抜粋しよう。

> ……きみの比較的元気な姿を最後に見たのは昭和四十五年十一月初め、きみがある出版社の依頼で『真空地帯』の紀行的解説を書くため、私に出版当時の事情を聞かせてくれと言い、その出版社の編集者と三人で会ったときだ。きみは静かにビールを手にし、また静かにメモをとっていた。その解説が、きみ自身執筆した最後の原稿となった。きみの大学時代、やはり『真空地帯』のリポートによって初めてき

みの存在を知ったという桑原武夫氏の話を早くから聞き知っていたが、私は、きみにおける「初めあり、また終りなかるべからず」という感を強くする。

それが最後だった。一ヵ月余ののち、ついに私たちのすべての祈願が、絶望という麻酔の泥沼へ沈没してしまった。

それからの日々、病床に呻吟しつづけたきみは、ふたたび麻酔からさめることができなかった。まだ入院早々のきみは、三島ショックのせいですよ、と笑いにまぎらそうとつとめていたが、日を経るにつれ、きみの言う「病んだ鳥の哀鳴」のごとく、その声は弱まり、低くなっていった。


高橋和巳は一九七一年五月三日、三十九歳の若さで肝臓癌で亡くなった。前年の暮れ、三島由紀夫の死に際して、「自殺の形而上学」という印象深い論考を口述で「文藝」誌上に発表したのが主な論考としての最後になった。

坂本一亀と高橋和巳は、古風な情念ともいえるもので繋がっていたように見えた。高橋和巳は坂本一亀の、〝本質的な問題に食いさがって、痴《こけ》の一念のごとく初志をつらぬく野暮な精神〟に魅かれていたのに違いない。

先にも記したように、一九六八年五月以降、坂本一亀は現場を離れていたが、それ以前に最初の出会いがあって、執筆に専心していた作家の一人に江夏美好《みよし》がいる。江夏美好は名古屋の同人雑誌「東海文学」の主宰者で、明治、大正、昭和にわたる、底辺に生きる飛驒の女を主人公にした長篇「下々《げげ》の女」を同誌に連載中であった。彼女は連載の途中で、人を介して坂本一亀に会った。

江夏美好は坂本一亀との初対面について記している。*9

坂本さんは痩せぎすの穏和な方である。ただじっと当方の話をきかれていて、ときおり早口な叱責口調なものいいをされるのと、眼光が鋭く光るのが気になったものの、私はべつに恐いひとども考えなかった。（中略）

坂本さんの励ましの葉書に力づけられ、私は書き続けた。もちろん、ときおりは不安や焦躁にかりたてられもした。ながい時間をかけ、やたら長いものを書きあげても、読むに耐え得る作品になるのだろうか。坂本さんの激励には、一言半句の作品評もなく、出版の話もない。こけの一念で書きつづける私の姿に愛想をつかされながらも、労力だけをねぎらって下さっているにすぎないのではないか、などと考えもした。

千七百枚に五枚不足の『下々の女』を出版するとの確実な連絡を得て、私は上京し、重複した箇所を削除したいといった。

「雑誌に朱筆を入れられるといい。二、三、気になるところもないではないが、そいつをいうと女流作家の大半は、それをこそ書きたかったというのがきまりでしたからな。私は多くの作家を泣かせてきたが、あなたの執念に脱帽したので、泣かせることはやめます」

と、坂本さんにいわれ、出版するなら一日も早い方がいい、と言葉をかさねられた。

江夏美好はこのあと、さらに推敲に推敲を重ね、三年以上たった一九七一年二月に『下々の女』は刊行された。千五百枚を上・下二冊に分けた本で、この年の田村俊子賞を受けた。版を重ね、十年後に文庫に収められた。

この記述のなかの「穏和な方」という部分については、認識不足を知らせたいところだが、江夏美好は癌に倒れ、自ら命を絶った。

坂本一亀は、女性の作家は苦手なのではないかと思われる。「生半可なおつきあいは御免である。私は、いつも作者の内ふところにまではいって一緒になろうとした。いわば共同作業である」と記す[*10]坂本一亀の仕事の進め方は、相手が異性であっては勝手が違って、戸惑うのではないかと思われる。

坂本一亀は井上光晴の場合のように、激しく応酬しあい、取っ組みあいにいたるような関わりあいのなかに充足感を覚える人物なのである。

先に、第6章のなかで、一九四八年から五二年にかけて刊行された新人作家の書き下ろし長篇小説について記したが、このとき、「無名の人、望月義氏の『ダライノール』があり、……」という坂本一亀の記述を紹介した。

その望月義が、その後、二十五年たって、千三百枚におよぶ書き下ろし長篇小説『卑弥呼』をかかえて、ふたたび坂本一亀のところへ現れたのであった。この原稿は坂本一亀が読んでから、『下々の女』に続き、ベテラン編集者の渡辺恒幸にバトンタッチされ、一九七四年五月に出版された。異色の歴史小説として話題を呼び、版を重ねたのであった。

＊1　『青年の環』の環　一九六六・一「文藝」
＊2　野間宏に　一九七七・十一　青年の環文庫5付録　河出書房新社
＊3　悪魔の力　一九七七・十二　青年の環文庫8付録　河出書房新社
＊4　野間宏の文体　一九九一・三「新潮」
＊5　『青年の環』とともに　一九八七・十二　野間宏作品集10月報2　岩波書店
＊6　すぐれた編集者　一九七四・三・二〇　サンケイ新聞夕刊
＊7　『比叡の雪』　一九八九・九　青土社
＊8　回想　その死まで　一九七一・六　高橋和巳を弔う特集号「人間として」
＊9　『下々の女』下　創作ノートにかえて　一九八一・一〇　河出文庫
＊10　戦後の文学⑦　一九六六・五「現代の眼」

15 構想社設立と引退、島尾敏雄の死

息子龍一が創造行為について語っている。[*1]

今の映画にしても、それからポップスにしても、あるかのように見えるけど、ないんですよ。実は一回、解体されてるの。だけど一回解体した後に何かを建築することはできないんで、もう一回、当の壊したものを調べ直して、マニュアル化してね、一から一万まで全部、どうやったらこういうものをつくれるかと、ばらばらに書き直して、それを参照しながらやってるんですね。だから、今のポップス、ぼくは「マニュアル・ポップ」と言ってるんだけど、ぜんぶマニュアルなんですね。何かを、そういうもの作りたいという動機なんか何も感じられないわけですよ、すべて。映画もそうですね。ただ、作るっていう本来非常に手作業の行為をものすごく緻密に、超テク、ハイテクでやっていく快感だけに溺れてるだけなんですね。何も

創造行為はしていないような気がする。

ここで示されている、坂本龍一の創造行為に対する認識は、父親の坂本一亀の発想と同一である。坂本龍一は、抑圧された軍国主義の時代に育った父親とは違って、大戦後の解放された時代に生まれた。そして九州の片田舎とは異なる東京という大都会で、旧《ふる》い因襲からも関わりなく自由な空気を呼吸して育った。父坂本一亀と、息子龍一との相違とは、それぞれの生きた時代状況と置かれた環境にある。

一見まったく違うようでありながら、創造行為に向かう原点において、あるいはその出発点において、この父と子は、まさに同質な者同士なのである。

坂本一亀はつねに、小手先の、いわば「マニュアル」ではない、自分のオリジナル製品を読者の前に差し出すことを使命としてきた編集者であるが、それは息子龍一の展開する音楽活動の示すものと根っこにおいて同一であるといえよう。

父親における戦争の傷痕は、もはや息子の龍一には理解できるものではないだろう。

息子龍一は「戦後っていうとね、第二次世界大戦の戦後だけじゃなくて、ベトナム戦争というのがぼくにはある」と語っている[*2]世代なのであるから。

坂本龍一がアムステルダムでコンサートをしたときのファンの女性とのやりとりが、龍一の著書のなかに綴られている。インドネシアからオランダに移住した夫婦は自分の子供にリュウイチと名づけるほどのファンで、夫が死んだので未亡人が夫の写真と子供のリュウイチ君の描いた絵を坂本龍一に渡して言ったという。[*3]
「あたしの父は日本人に殺されたの。それ以来、あたしは日本人全員を憎み続けてきたの。ずいぶん時が経って、あたしはインドネシアからここに越してきたわ。そしてあなたの音楽を聴いたの。それはあたしの気持ちを変化させたのよ。もう今では日本人全員を憎んではいないわ。少なくともあのような音楽を作る日本人のあなたを憎むことはできないのよ。それで、今日、自分の耳でそれを確かめにここに来たの。あたしはまちがってはいなかったわ。今日のあなたは素晴しかった」
僕は呆然としてそれを聞いていたけど、何か言わなくちゃいけない気がして、「僕はあなたのお父さんを殺してはいませんよ」なんてバカなことを言っていた。

満洲で通信隊に属していたらしい父親の坂本一亀が、戦地で直接、人を殺傷した体験があるとは思えないが、この坂本龍一の記しているエピソードは、戦時中の親の世代の行為の、平和な時代の息子の世代による贖罪《しょくざい》のようで興味をそそられる。

日本軍隊の戦陣訓を身にまとい、抑圧された頑なな依怙地精神から脱皮できない父と違って、息子は何と自由なのだろうか。

「あたしの父は日本人に殺されたの」と異国の女性に言われたとき、父の坂本一亀ならどう反応するのだろう。複雑な、なにがしかの痛みが横切《よぎ》るに違いない。それは軍隊体験の刻印をもつ父親と、平和な環境で育った息子との違いである。

さて、野間宏の『青年の環』が完成し、高橋和巳が逝き、椎名麟三も一九七三年三月二十八日に逝ったあとの一九七六年、坂本一亀は河出書房新社を退社し、昔の仲間たち三人で新しい出版社をおこす準備にとりかかる。坂本一亀五十四歳であった。それは坂本一亀の意志というよりも、労働組合による旧幹部連全員追放運動を受けとめた結果といえる。坂本一亀自身は河出書房一筋で終えたかったであろうから、おそらく無念であったに違いない。しかし彼が、その志とは関係なく、組織のなかの個人であったことは、まぎれもない〝現実〟なのであった。そこに彼の烈しい葛藤と懊悩《おうのう》があったろう。

設立した構想社のマークに三匹の亀が並んでいるのは三人で始めたからである。

構想社設立のころの同社図書目録に埴谷雄高が小文を載せている。

私達――というのは、山室静、平野謙、久保田正文、荒正人、佐々木基一、高橋幸雄、栗林種一《たねかず》たちであるが、戦争中の昭和十四年十月から大東亜戦争勃発の昭和十六年十二月まで「構想」という同人雑誌を出していたことがある。その同人誌は、同人雑誌の統合に加わるをいさぎよしとせず、七号で自爆してしまった。

坂本一亀は、河出書房新社をやめ新しい出版社をおこそうとしている準備時代、

その出版社の名を「星雲社」と「構想社」の二つ思いつきながら、そのどちらかに決めようかと迷っていたのであった。（中略）
ところが、暫く迷っていた坂本一亀がついにその社名を「構想社」とし、そしてその最初の出版が嘗《かつ》ての「構想」同人である私のものとなるというめぐりあわせは、いささか看過すべからず一筋の細い糸の因縁を蔵しているがごとくに思われる。
私や武田泰淳や高橋和巳などがその先陣を引きうけたあと、これから、河出書房、同新社の三十年の歳月のあいだに坂本一亀が親しくしたひとびとの作品が相ついで出されるものと思われるが、せっかく、社名を「構想社」としたのであるから、それからのちの企画においても、素晴らしい、新鮮な構想力を発揮してもらいたいと思わざるを得ない。

坂本一亀は一九八一年末まで構想社で出版活動を続け、健康を害して引退する。六十歳にして、出版活動に終止符を打ったわけである。
坂本一亀が構想社在任中の五年間に刊行した主要出版物は次のようなものである。

『戦後の文学者たち』埴谷雄高・『文人相軽ンズ』武田泰淳
『明治作家論』『大正作家論』『昭和作家論』中村真一郎
『文学の運命』寺田透・『混濁の浪　わが一高時代』高見順・『今生の人びと』水上勉

『反随筆』井上光晴・『遠い夏』河野多惠子・『わが文学的回想』平野謙
『読書の楽しみ』篠田一士・『谷崎家の思い出』高木治江
『高橋和巳の思い出』高橋たか子・『高橋和巳の回想』豊田善次
『小説家の時計』黒井千次・『闇に向かう精神』真継伸彦
『文学の紋帖』杉本秀太郎・『内的な理由』秋山駿・『白い土地の人々』澤田誠一
『出刃』(北方文藝賞受賞作)小檜山博・『涙・街』(日大新聞当選作)阿波根《あわね》宏夫
新編『久坂葉子作品集』富士正晴編・『三島由紀夫と檀一雄』小島千加子
ほかに山崎正和、丸谷才一らの対話集など十数点があった。

これらの出版物に坂本一亀と関わりあいのあった人々のものが多いのは当然であるけれども、なかでも阿波根宏夫の短篇小説集『涙・街』は、この作家が坂本一亀の「文藝」編集長時代にたびたび登場した新人であったのを思い出させるものである。当時は医学生で、その後、精神科医となり、そして自分自身が精神病院に入ることになり、最後は自宅で変死し、死後数日たって発見されるという尋常ならぬ生涯を送ったことをこの書に付けられた年譜で知った。日焼けした元気のいい小柄な若者が、坂本編集長のところへ訪ねてきていた風景をぼんやりと記憶から引きだすことが出来るのだが、この詳細かつ長い年譜を読んで、坂本一亀が一九六三年の「文藝」以来、その後の長い年月、一九七八年一月の死の前まで、この人と交流を続け、作品を受けとっていたことを知った。

日大新聞の当選作「涙」を「文藝」に転載したとき、坂本一亀は編集後記で「豊かな才能がうかがわれる新人で、その将来を期待」する旨を記しているから、初志一貫してこの人に対応していたわけである。

掲載後は評者たちの絶賛をあび、この年の「文藝」には合わせて三回も作品を載せるという、一人の学生作家への坂本一亀の異例の力のいれようを、やはりこの年譜によって思いだす。

埴谷雄高によるこの書の跋文には、「彼の特性である異常性へ意識的、無意識的に近づいてゆき」「文学の純粋性をそのまま全生活に持ちこんで、不可解な生のなかの何ものかにひたむきに衝《つ》きあたりつづけたその無垢の直進性」と記されている。

坂本一亀も、この人の処女作の真髄に、狂気と背中合わせのような純粋無垢な鋭利なきらめきをとらえ、強く魅きつけられたのに違いない。そして長い年月、ずっと励ましつづけ、その突然の死を悼んで、文芸雑誌や同人誌に発表された短篇小説を集めて、故人に対する回想記やその生涯を一望できる年譜をも付けて、最初にして最後の、この人の本を作って世に残したのであろう。

この書の作成は、阿波根宏夫という、文学に丸ごとのめりこんだあまり尋常ならぬ生に向かって歩み寄っていった一人の青年の在りようよりも、坂本一亀という一人の非凡な編集者の在りようを示して興味あるものと思える。

何故ならば、凡庸なる生活者にすぎない私なら、デビュー作「涙」に見られるこの若者の強烈なファナティシズムに恐れをなして、こういう実作者には近寄るまいと心がけるか、あるいは坂本一亀とは逆に、文学から身を遠ざけて自分の生活を重視するように勧めるに違いないからである。

本書の冒頭（「はじめに」）に、似たような気質をもつ人同士には、牽かれあうものがあるのではないか、と私は記したが、阿波根宏夫に魅きつけられ、死後にその書を出版して、手厚く弔《とむら》った坂本一亀の心情をうかがうとき、その思いを確認させられるような気がする。

坂本一亀の出版した本は、高見順や平野謙の場合のように著者の死後作られたものもあるが、小檜山博の短篇小説集『出刃』のように、この作者のデビューを飾った書もある。

篠田一士は、その著書『読書の楽しみ』に〝わたしの読書術〟と題した長いあとがきを書いている。その最後の部分を紹介しよう。

こういう本ができるなどとは、ついぞ考えたこともなかったけれども、読みかえしてみて、なにがしかの脈絡があるのは、われながら不思議である。これもひとえに坂本さんの努力の賜物で、スクラップの山から、あれこれの旧稿をえらびだし、苦心の配列をしてくれた手際には、感謝のほかない。

坂本一亀と知合いになって、もう四分の一世紀になるだろうか。長いと言えば、長い時間だったが、今度、はじめて、ぼくの本が彼の手づくりでできあがったのは、なによりも、ぼくには、うれしいことである。しかつめらしい文学論もいいけれども、こういうアンティームな本をつくってくれたことが、また、一層うれしい。

（一九七八・七）

坂本一亀と篠田一士がそれほど長い知合いだったとは知らなかったが、坂本一亀が「文藝」編集長時代に、坂本一亀の部下に対する酷使ぶりを何かと案じて、夜おそく詩の投稿原稿の大荷物を持参した私に、「遅くまで大丈夫かね、……ふむ、ふむ」と、話を聞いてくれた人である、その篠田一士の本を、坂本一亀が作っていることは嬉しい。この書が篠田一士の生前に何度も版を重ねていることは、なお嬉しいことである。

このころ、坂本一亀と新宿の酒場・茉莉花で会った河出の社員から聞いた話がある。カウンターで酒を飲んでいた坂本一亀が、少し離れたところで酒を交わしていた、元の会社の社員らに声をかけた。

「オーイ、ワカモリ！　黒井千次ノエッセイ集ノオビヲ作ッタンダガ、ミテクレヨ！」

若森さんは河出書房新社の有能な営業マンである。早速、傍らにいた編集者のKさんが、オビなら僕が見ましょう、と近づいて行って、意見を言った。坂本一亀は、

「オレハ、営業ノワカモリノ意見ヲ聞イテイルンダ！　オ前ジャナイ！」

と怒鳴った。編集者のKさんは、オビを作るのは編集の仕事ですから、と更に意見を続けた。するとやにわに坂本一亀の腕がストレートに伸びて、Kさんをポカリと殴った。それでKさんはすごすごと引き下がったという。坂本一亀は書店での販売効果を知りたかったのだ。黒井千次はこの話を聞いたらどう思うだろう。酒場に来てまで仕事熱心な坂本一亀に呆れて笑いだすだろうか。

坂本一亀ともっとも長い関わりのあった野間宏は、坂本一亀の河出書房新社退陣を不満として、「坂本君は僕を捨てた」と聞き分けのない幼児のように慨嘆していたが、「きみとは口をききたくない、きみの顔は見たくない」と坂本一亀に言ったそうで、依怙地精神に徹した坂本一亀は、以後十数年間、野間宏と顔を合わせなければならない場所へは姿を現さなかったのである。

野間宏が一九九一年一月三日に世を去り、その葬儀のときに、もはや口をきくことも顔を合わせることもなくなったそのときに、坂本一亀は最後の別れに出向いたのであった。

坂本一亀が保管していた野間宏の『真空地帯』や『青年の環』の原稿の保管を近代文学館に委託することにしたとき、坂本一亀は私を介して野間宏の了承を得たのである。「坂本君は僕の原稿をかかえこんで金もうけを企んでいる」と奇抜な思い込みに捉えられていた野間宏は、そのとき少し安心した様子であったが、亡くなる二週間前には、「僕が死んだら、坂本君は僕の原稿を近代文学館から引きだして金もうけをするのではないか」と、またしても奇妙な妄念に没頭して、近代文学館から原稿類やゲラ刷りなどのすべてを自宅へ引き取ったのである。

しかし野間宏が亡くなったあと、それらの段ボール箱のすべては夫人により、そのまま再び近代文学館へ戻されたのであった。

野間宏のこれら一連の不可思議な言動は「千変万化する豊かな油断のならぬ小説家野間宏」という大江健三郎の言葉[*4]を思いださせるが、まことに野間宏は、混沌としたカオスの棲息者であり、黒々と果てなく広がる泥濘《でいねい》の沼に身を沈めて、次々と思いがけない顔を不意と見せる、複雑多岐に変化する名状しがたい人物であった。

一本気で、初志をつらぬく直情型の坂本一亀は、打算や功利性とは無縁の人物である。昔ふうの精神重視主義で、安易な成功よりも苦難の過程を重んじる生真面目な編集者であった。

この挿話は、リアリスト野間宏とロマンチスト坂本一亀との明確な相違を示すものかも知れない。

坂本一亀は几帳面であったから、出版界を引退してからは、作家の原稿類や装丁の原画類、作家の膨大な書簡類などの整理に十年以上を費やし、多くの署名本とともに、数千通の書簡類、原稿、原画などをすべて日本近代文学館に寄贈している。

野間宏を偲ぶ会で初めて会話を交わした山田稔は、坂本一亀についての小さな思い出を記して送ってくれた。山田稔は坂本一亀が京都で初めて高橋和巳と出会ったとき、当時の「VIKING」の同人として杉本秀太郎らとともに同席していた作家である。

坂本一亀さんにはじめて会ったとき、「あなたのことは桑原先生や富士正晴さんからうかがっております。小説を書いてください」とのっけから言われ、たじろいだ。それ以後、会うたびに「書いてください」と激励された。

酒場で、かの有名な「バカヤロー！」につきあったことも何度かある。あるとき京都のバアで突然の坂本さんの「バカヤロー！」にこちらからも「バカヤロー！」で応じ、三度ほど大声で叫びあって、バアのマダムをはらはらさせたことがある。

数年前、私がある雑誌に京都の祇園の料亭でおこなわれた『悲の器』の出版記念会の運営について、あれは多田道太郎と坂本一亀が相談して決めたのだろうと書いたら、さっそく電話がかかってきて、「私は関係しておりません。あれは京都の先生方がお決めになったことです」といかにも律義な人らしい声で訂正されたのを思い出す。

山田稔は、坂本一亀のバーバリズム（barbarism＝野蛮さ）と、一見矛盾するような几帳面な律義さとを捉えている。

また坂本一亀は、先に第7章でも記したようにアノニマス（匿名性）の人であり、「人の前へ出るのがあまり得意じゃない性格」であるから、自分から率先して大勢の人々の集まる晴れやかな場の演出をしようとはしないだろう。出版社に在籍している時から必要最小限の集会にしか出席せず、出版活動を引退してからは、その態度はさらに徹底していた。ましてやそれが、もしも自分のための催しであったりしたら、周囲の人々がどんなに勧めても応じなかったであろう。坂本一亀の態度に、自分を律するリゴリズム（厳格主義）を指摘する人もいるが、彼は繊細な〝含羞《がんしゅう》〟の人でもあるのだ。坂本一亀の表現の暴力性や、殊更の素っ気なさは、〝気恥ずかしさ〟からの韜晦《とうかい》なのだと説明する人もいる。

奇病のため執筆を絶っている倉橋由美子と電話で話をする機会があった。彼女は「うちの娘が坂本龍一のファンなので、昔、河出書房をたびたび訪ねたとき、龍一さんのお父様に会っておけば娘に自慢できたのに、と残念に思っています。〝古武士〟のような方だという評判でしたね。わたし、一度、電話でお話だけしたんですよ。わたしの原稿のボツになったもののことで。ええ、ボツにされて名誉だったと思っていますのよ。娘と、〝戦場のメリー・クリスマス〟の坂本龍一を見て、こういう方だったのかしら、なんて想像しています」と、昔のようにすべらかに弾んだ調子で喋った。坂本一亀が編集長だった時の「文藝」に、倉橋由美子はよく登場した。そのころ彼女は明大新聞の当選作「パルタイ」が芥川賞候補となり、颯爽《さっそう》と登場した学生作家だった。私が会ったころも、まだ大学院に在籍していた。

私は坂本一亀から正宗白鳥や堀口大學などの老大家や円地文子や平林たい子などの年

配の女性作家のところへ行くように指令されていたので、年齢が近い倉橋由美子とは、友人のようによくお喋りしたものであった。彼女は年若いのに私に会うと老婆心よろしく、世話やきの親戚の伯母さんのようなことを言うので、私は面白がってワルぶったが、そんなことを彼女はよく覚えていて、電話で笑いあった。倉橋由美子が坂本一亀に会っていたら、きっとユニークな観点があったであろうと思え、残念である。

最後に、島尾敏雄の思い出を記した、引退後の坂本一亀の追悼文の一部を掲げよう。[*5]島尾敏雄は一九八六年十一月十二日に六十九歳で亡くなった。

この追悼文は一九八七年に執筆されたものであるが、この中に登場する富士正晴も今は亡《な》い。

ことし、雪の日、東京に長期滞在中の富士(正晴)さんを訪ねる。

二時間余のよもやま話の中身は、おのずと親しかった故人の思い出になる。

「島尾が死んだんにはびっくりしたなあ」

感慨をこめてそう言う富士さんには「ヴァイキング」創刊時からの島尾さんがさまざまと去来していたにちがいない。

「……『ヴァイキング』に書いた『単独旅行者』を野間(宏)が推しよってな、そいで島尾は世に出たんや。……河出から出した『贋学生』、あれは、ほんまの話やで。おれ、いつも島尾から聞かされていたんやもん。売れへんかったそうやが。なんでやろ。あれ、おもろいとこあるでぇ」

富士さん独特の話術で島尾さんの話はつづく。

島尾敏雄の初の書き下ろし長篇『贋学生』は、一九五〇年十二月に刊行された。椎名麟三『永遠なる序章』、三島由紀夫『仮面の告白』に続く「書き下ろし長篇シリーズ」のなかの一冊である。

坂本一亀は続けて回想する。


島尾さんに書き下ろしを依頼したのは河出が季刊同人誌「序曲」を出す昭和二十三年の暮れ、あるいは翌年の初めごろであったと思う。手もとのメモをみると、昭和二十四年六月に島尾さんが神戸から上京、書き下ろしは執筆中で、仮題を〝贋学生〟とし、九月末には完成予定だと知らされる。七月の手紙では、完成が一と月おくれて十月となっている。しかし結果的には、おくれにおくれて翌二十五年八月にようやく完稿をみたのであった。

初版『贋学生』に挿入されている月報に島尾さんは「遁辞《とんじ》」という小文を書いている。

「この小説の完成間際で、私は、妻の病臥そして私の発病やがて子供の大患が踵《きびす》を接して私に襲いかゝり……」

原稿をかかえて上京した島尾さんは胃病のために痩せおとろえ、足どりもおぼつかなかった。作品の後半と最後の推敲はほとんど床のなかでなされたという。あのときの蒼白な作家の顔を忘れない。

『贋学生』は刊行されたが、やはり売行きはよくなかったという。しかしさらに坂本一亀は続けて記す。

昭和三十二年（一九五七）の夏、学生作家としてデヴューした大江健三郎を訪問、書き下ろしを依頼する。滝野川あたりの下宿だったと思う。長篇は先約あって駄目であったが、氏から、高校生のとき『贋学生』を読んで感銘したこと、自分も小説を書くべく決意したという意味の話を聞いた。率直に嬉しかった。編集者の喜びである。

その後、東京に移住した島尾さんとの交渉はうすく、昭和三十年暮れに短篇集『われ深きふちより』を新書判で出す。同三十六年夏、名瀬市の島尾さんへ復刊「文藝」に連載依頼の手紙を書く。返事がすぐきた。

「文藝」復刊の御準備御苦心のほど推察申上げます。長篇を書けとのこと、来年の仕事として構想をねりたいと思います故よろしくおねがいいたします。私の目下の仕事の予定は二百枚ほどのもの一つと短篇三つほどと取組んでいますが今年中には書き終えるつもりですので御指示の長篇は来年の仕事として想を練りたいと考えます。（後略）

これは実現しなかった。短篇「頑《かたくな》な今日」を同三十八年新年号に書いてもらった。

島尾さんと最後に会ったのは、澤田誠一エッセイ集『白い土地の人々』の推薦文をいただきに新潮社の寮を訪ねた昭和五十四年（一九七九）の秋である。帰り支度をして静かに待っておられた。疲れがみえ、言葉もすくなかった。久しぶりなので喋りたいことは種々あったが、あのとき遠慮しないで、いろいろ聞いておけばよかったという思いが悔いとして残る。（以下略）

文芸編集者にとっては、多数の読者に乱読され、読み捨てられる本よりも、一人の読者でも、その人生に大きな影響を与えるような書物が出せたらどんなに嬉しいことか、坂本一亀のこの回想には、私も共感を覚える。

二〇〇二年の春、私は、かつて坂本一亀に任命されて担当した野間宏の『青年の環』に関する資料のすべてや使われなかった原稿類を、神奈川・近代文学館が引き取ってくれた旨の報告の葉書を坂本一亀に出した。

坂本一亀からは「落ちつくところに納めていただき感謝しております」と、いつになく乱れた文字の返事が届いた。「感謝」という、初めて受けた人並みの謝辞に私はきょとんとし、何やら予感が走ったが、やはりこれが最後の交信となった。訃報はその半年後であった。

＊1　『坂本龍一・全仕事』一九九一・十二　太田出版
＊2　シリーズ・戦後文学とは何か〈共同討議〉一九八五・六「文學界」
＊3　『友よ、また逢おう』村上龍・坂本龍一　一九九二・八　角川書店
＊4　ふたつの電話の間　一九九一・三「新潮」
＊5　島尾さん　一九八七・五　昭和文学全集二〇月報6　小学館

文庫のためのあとがき

本書の成立は、まだ坂本一亀の存命中に、子息龍一から、父が生きているうちに父のことを書いて本にしてほしい、との依頼があったことが発端である。

坂本一亀は、昔、私の上司だった。

河出書房新社で、坂本一亀編集長による「文藝」復刊の準備中にスタッフとして私は入社した。一九六一年のことである。

思い返せば、坂本宅ではじめて坂本龍一に会ったとき、夫人に紹介されて、にっこりし、ぴょこんと頭を下げた丸顔の愛らしい少年は、まだ十歳を迎える前だった。

「作曲をやっておりますの」

と、夫人が息子を見やって言い、私は、

「え、こんなに小さくて作曲ですか」

と、びっくりして問い返した記憶がある。

古武士のように寡黙な坂本一亀とはちがって、夫人は華やかで明るく活発だった。坂本家には、坂本一亀が作り出す息詰まるような厳しい職場の雰囲気とは全く異なる、開放的な空気が流れていた。

子育てや家庭内のことは、すべて夫人が仕切っていたのだろう。

坂本一亀の弟たちは化学者や技術者であるそうだが、それは坂本一亀の几帳面な綿密さ、きめの細かい仕事ぶりとも通じあうものがある。

龍一からの依頼について相談した埴谷雄高から、「戦後文学史のために書くように」という後押しがあって、私は準備にとりかかった。

そして「父が生きているうちに」という、龍一の要望通り、ほぼ書きあげて届けた原稿を、坂本一亀は丁寧に読み、私の誤解や間違いを訂正し、さらに大まかな指示と細かい要望を示した。

彼が多くの原稿を読んできた歴史のなかで、これは最後のものであったろう。昔の部下から「困る人」と書かれたせいか、現われた時、彼は苦笑を押しころしたような表情だった。

出版は本人の希望に沿って死後となったが、坂本一亀が引退後も、ずっと編集者魂を持ち続けていた人であったことを実感した。

第二次大戦時、戦地に赴いて多くの仲間を失い、生き延びた自分の〝余命〟を賭けた、一人の編集者の努力と情熱によって、無名の新人が世に出ていくまでの過程を知ることは、関心のある読者は興味をそそられるだろう。これは現場からの証言にほかならない。(複写機もファックスもパソコンも携帯電話もなかった時代のことである。)

「伝説の編集者」と表題を付けたのは、二〇〇三年に出版した際の版元・作品社の和田肇《はじめ》社長である。その後の年月の経過は、文字通り坂本一亀を伝説化してしまったように思える。

このたび、河出書房新社の若い編集者の岩本太一さんが河出文庫に収めてくださることになった。坂本一亀が全力投球し、その足跡を刻んだ古巣の出版社に彼の業績が記録として残されるのは、本人にとって喜ばしいこと、と思わずにはいられない。

今回、文庫化に際して若干の加筆を行った。

略年譜（一九四五〜一九八一年　社会／文化・文学）

凡例
『　』は単行本、
「　」は雑誌掲載・雑誌名、
〜は連載・刊行開始を示す。

参考資料
近代日本総合年表（岩波書店）
年表日本歴史（筑摩書房）
戦後日本文学史・年表（講談社）
文芸年鑑（日本文芸家協会編・新潮社）
日本文学辞典、日本文学全集など

年号		社会	文化・文学
一九四五（昭和二〇）		8 太平洋戦争終結 日本、ポツダム宣言受諾 9 日本、降伏文書に調印 11 GHQによる財閥解体	8 高村光太郎・詩「一億の号泣」 10 「文学」「文藝」復刊 11 「新潮」復刊。「新生」創刊 12 「早稲田文学」復刊
一九四六（昭和二一）		1 天皇の人間宣言 4 総選挙、初の女性参政 5 極東国際軍事裁判開始 11 日本国憲法公布 現代かなづかい、当用漢字決定 12 六・三・三制の学制決定	1 「近代文学」「人間」創刊 「中央公論」「改造」復刊 「三田文学」復刊 「世界」「展望」「潮流」創刊 3 「新日本文学」創刊 10 「群像」創刊
一九四七（昭和二二）		4 労働基準法、独占禁止法公布 5 日本国憲法施行 最高裁判所発足 10 国家公務員法公布。改正刑法公布 （不敬罪、姦通罪廃止） 臨時国勢調査実施、総人口七八六三万八〇五一人	2 椎名麟三「深夜の酒宴」 6 原民喜「夏の花」 7 「文學界」復刊 8 平野謙『島崎藤村』 9 福田恆存『作家の態度』 10 野間宏『暗い絵』 12 太宰治『斜陽』ベストセラー
一九四八（昭和二三）		1 帝銀事件。ガンジー暗殺 2 戦争協力の文筆家二七〇名公職追放	2 大岡昇平「俘虜記」〜 5 武田泰淳「『愛』のかたち」〜

	8 大韓民国樹立の宣布式挙行 9 朝鮮民主主義人民共和国成立 全学連、主婦連合会結成 11 極東国際軍事裁判判決、A級戦犯七名に絞首刑執行	6 椎名麟三『永遠なる序章』 太宰治入水心中 12 中村真一郎『シオンの娘等』 伊藤整『小説の方法』 「序曲」創刊即終刊
一九四九（昭和二四）	1 法隆寺金堂出火。壁画焼失 4 1ドル三六〇円の単一為替レート設定 7 国鉄解雇反対闘争激化、下山事件、三鷹事件起こる 8 松川事件起こる 9 ドイツ連邦共和国（西独）成立 10 中華人民共和国成立 ドイツ民主共和国（東独）成立 11 湯川秀樹ノーベル物理学賞受賞	1 木下順二「夕鶴」 4 「現代日本小説大系」（河出書房・戦後初の全集本）刊行 5 川端康成「千羽鶴」〜 6 寺田透『作家私論』 7 三島由紀夫『仮面の告白』 8 井伏鱒二「本日休診」〜 10 田宮虎彦「足摺岬」〜 11 林芙美子「浮雲」〜 12 井上靖「闘牛」
一九五〇（昭和二五）	4 日本戦歿学生記念会「わだつみ会」結成大会 6 朝鮮戦争勃発。共産党幹部追放 GHQによるジャーナリズム関係者のレッドパージ始まる 7 金閣寺放火により焼失 （平均寿命、男58歳、女61歳）	2 中村光夫「風俗小説論」〜 5 埴谷雄高「虚空」 6 ロレンス『チャタレイ夫人の恋人』（伊藤整訳・小山書店、ベストセラー）を検察庁が押収 9 映画「羅生門」（黒沢明監督）ベニス映画祭でグランプリ受賞

一九五一 （昭和二六）	6 文化人の公職追放解除始まる 8 奄美大島の郡民、日本復帰要求 9 サンフランシスコで対日講和会議、講和条約、日米安全保障条約調印	1 大岡昇平「野火」〜 3 原民喜、鉄道自殺 4 林達夫「共産主義的人間」 8 堀田善衞「広場の孤独」〜
一九五二 （昭和二七）	2 日米行政協定調印、東大ポポロ事件起こる 4 対日平和条約、日米安全保障条約各発効 5 血のメーデー事件起こる 7 破壊活動防止法施行 ヘルシンキ・オリンピックに日本戦後初参加	1 伊藤整「日本文壇史」〜 2 野間宏『真空地帯』 5 日本文藝家協会、日本ペンクラブ、破防法反対の声明発表 6 中野重治『鷗外 その側面』 7 杉浦明平「ノリソダ騒動記」〜 11 中村真一郎『長い旅の終り』（長篇五部作の第五部、完結）
一九五三 （昭和二八）	2 NHKテレビ放送開始 7 MSA日米交渉始まる 朝鮮休戦協定調印 8 スト規制法成立 日本テレビ放送開始 12 奄美群島返還の日米協定調印	5 椎名麟三「自由の彼方で」〜 10 広津和郎「真実は訴える」（松川事件への初の意見） 寺田透『バルザック—人間喜劇の研究』 11 伊藤整『火の鳥』ベストセラー
一九五四 （昭和二九）	1 皇居参賀者三八万人、死者出る 2 造船疑獄拡がる 3 ビキニ米水爆実験で第五福竜丸被曝	1 中野重治「むらぎも」〜 2 吉行淳之介「驟雨」 5 中村真一郎『夜半楽』

	6 近江絹糸スト突入 防衛庁設置法、自衛隊法公布 9 青函連絡船洞爺丸転覆事故 10 琉球放送、沖縄初のラジオ放送開始	6 三島由紀夫『潮騒』 中村真一郎「芥川龍之介」〜 9 小島信夫「アメリカン・スクール」 12 庄野潤三「プールサイド小景」
一九五五（昭和三〇）	5 立川基地拡張反対の砂川闘争始まる 8 第一回原水爆禁止世界大会広島大会開催 11 自由民主党結成（保守合同） 世界平和アピール七人委員会発足（湯川秀樹、茅誠司、平塚らいてう、上代たの、下中弥三郎、前田多門、植村環）	1 幸田文「流れる」〜 5 椎名麟三「美しい女」〜 遠藤周作「白い人」〜 6 広津和郎『松川裁判』 7 石原慎太郎「太陽の季節」 8 武田泰淳「森と湖のまつり」〜 11 江藤淳「夏目漱石論」〜 12 山本健吉『古典と現代文学』
一九五六（昭和三一）	2 ソ連、スターリン批判 10 日ソ国交回復の共同宣言調印 ハンガリー動乱、スエズ戦争 11 メルボルンでオリンピック開催 南極観測船宗谷が出港 12 国連、日本加盟を可決	1 三島由紀夫「金閣寺」〜 7 石川淳「紫苑物語」 11 深沢七郎「楢山節考」 室生犀星「杏っ子」〜 12 原田康子『挽歌』ベストセラー 谷崎潤一郎『鍵』ベストセラー
一九五七（昭和三二）	1 南極予備観測隊、昭和基地設営 8 原水爆禁止世界大会東京大会開催 ソ連、大陸間弾道弾の実験成功	1 中野重治「梨の花」〜 中村光夫「二葉亭四迷伝」〜 3 チャタレイ裁判に最高裁が有罪判決

	9 国際ペン大会、東京で開催 10 ソ連、世界最初の人工衛星打ち上げ成功 12 日ソ通商条約、東京で調印	4 河出書房倒産、「文藝」休刊 6 菊村到「硫黄島」 10 吉田健一『近代文学論』 12 開高健「裸の王様」
一九五八（昭和三三）	1 米、人工衛星打ち上げ成功 3 海底国道関門トンネル開通 4 売春防止法施行 日ソ漁業交渉妥結 5 東京で第三回アジア競技大会 10 警職法改正案で反対闘争激化 11 皇太子妃決定	1 大江健三郎「飼育」 平野謙『芸術と実生活』 4 小林秀雄『近代絵画』 11 江藤淳、石原慎太郎、大江健三郎ら「若い日本の会」結成、警職法改正反対を声明 「聲」「現代芸術」「批評」創刊
一九五九（昭和三四）	3 社会党、総評、原水協など日米安保条約改定阻止国民会議結成 4 皇太子成婚 7 米初の原子力貨客船進水 8 第五回原水爆禁止世界大会東京大会開催 11 安保改定反対のデモ隊国会構内に入り、負傷者多数	3 青野季吉、阿部知二ら二八名安保条約改定反対声明を発表 「朝日ジャーナル」創刊 4 井上光晴「死者の時」〜 5 松本清張「小説・帝銀事件」〜 10 佐多稲子「灰色の午後」〜 11 坂上弘「ある秋の出来事」 12 安岡章太郎『海辺の光景』
一九六〇（昭和三五）	1 日米安全保障条約調印 2 皇太子妃男子を出産	1 倉橋由美子「パルタイ」 高見順「いやな感じ」〜

	4 安保阻止学生デモ、各地で続発 6 安保改正阻止、六・一五デモ、全国で五八〇万人参加、樺美智子死亡 新安保条約批准書交換、発効 8 第一七回オリンピック、ローマ開催 10 浅沼社会党委員長、刺殺される	2 大原富枝「婉という女」 5 北杜夫「夜と霧の隅で」 9 堀田善衛「海鳴りの底から」〜 10 三浦哲郎「忍ぶ川」 丸谷才一『エホバの顔を避けて』 11 野間宏「わが塔はそこに立つ」〜
一九六一（昭和三六）	4 ソ連、有人宇宙飛行打ち上げ成功 5 米、有人宇宙飛行打ち上げ成功 8 松川事件差戻審で全員無罪判決 国立国会図書館開館 ソ連、核実験再開を発表 9 米、核実験再開を発表 11 核実験禁止平和建設国民会議を結成	2 小田実『何でも見てやろう』 深沢七郎「風流夢譚」に右翼が中央公論社社長宅を襲う 有田八郎、三島由紀夫「宴のあと」をモデル問題で告訴 4 水上勉「雁の寺」 9 住井すゑ『橋のない川』
一九六二（昭和三七）	2 東京都の常住人口、世界初の一〇〇〇万人を突破 3 テレビ受信契約者一〇〇〇万件突破 東京で日韓会談開始 5 大日本製薬がサリドマイド出荷を自主的に停止 8 第八回原水爆禁止世界大会、ソ連核への抗議をめぐり紛糾 9 国産第一号原子炉稼働	2 室生犀星「われはうたへどやぶれかぶれ」 杉森久英『天才と狂人の間』 花田清輝『鳥獣戯話』 「文藝」復刊 6 安部公房『砂の女』 9 島尾敏雄「出発は遂に訪れず」 10 安岡章太郎『花祭』 11 高橋和巳『悲の器』

一九六三（昭和三八）	3 米原子力潜水艦寄港に対し湯川秀樹ら科学者が安全性確認要求 8 日本、米英ソ三首都で部分的核実験停止条約に調印 政府主催の第一回全国戦没者追悼式、日比谷公会堂で挙行 9 松川事件、最高裁で全員無罪 11 米、ケネディ大統領暗殺される 12 砂川事件、最高裁で全員有罪	1 梅崎春生「狂ひ凧」〜 3 真継伸彦「鮫」 6 河野多恵子「蟹」 7 井上光晴「地の群れ」 8 平野謙『文藝時評』 9 小田実『大地と星輝く天の子』 10 山崎正和・戯曲「世阿彌」 11 野坂昭如「エロ事師たち」 12 埴谷雄高「闇のなかの黒い馬」
一九六四（昭和三九）	3 米大使ライシャワー、東京で刺され、輸血から血清肝炎になり、売血の問題化。 8 政府、米原潜の寄港受諾を回答 10 東海道新幹線営業開始 東京で第一八回オリンピックを開催 サルトル、ノーベル文学賞辞退 11 米原子力潜水艦寄港反対集会	2 野上弥生子『秀吉と利休』 3 田辺聖子「感傷旅行」 4 青野季吉『青野季吉日記』 柴田翔「されどわれらが日々――」 8 北杜夫『楡家の人びと』 大江健三郎『個人的な体験』 「近代文学」一八五号で終刊 12 磯田光一『殉教の美学』
一九六五（昭和四〇）	2 米、北ベトナム爆撃開始 4 ベトナムに平和を！ 市民文化団体連合（ベ平連）主催、初のデモ行進 5 日本テレビ、ベトナム海兵大隊戦記	1 井伏鱒二「黒い雨」〜 いいだ・もも『アメリカの英雄』 2 中村真一郎『空中庭園』 7 小島信夫「抱擁家族」

を放送、反響を呼ぶ
6 ベトナム侵略反対の共産、社会両党の共闘デモ、三万七〇〇〇人
10 朝永振一郎、ノーベル物理学賞受賞
12 日韓条約発効

9 木下順二「無限軌道」
三島由紀夫「春の雪」（のちの『豊饒の海』全四巻）〜
11 高橋和巳『憂鬱なる党派』
三島由紀夫「サド侯爵夫人」

一九六六（昭和四一）

2 全日空ボーイング七二七型機が東京湾に墜落、死者一三三名
4 中国文化大革命進行
5 米原子力潜水艦、横須賀初入港
6 国民の祝日に関する法律改正公布
7 新東京国際空港の建設地を千葉県成田市に決定
広島市議会、原爆ドームの永久保存を決議

1 真継伸彦『光る聲』
野間宏『青年の環1　華やかな色彩』
3 遠藤周作『沈黙』
野間宏『青年の環2　舞台の顔』
4 いいだ・もも『神の鼻の黒い穴』
6 野間宏『青年の環3　表と裏と表』
7 丸谷才一『笹まくら』
9 サルトル、ボーボワール来日
10 辻邦生『夏の砦』

一九六七（昭和四二）

1 米国防省、ベトナム参戦の米軍は四七万三〇〇〇人と発表
5 ラッセル主唱の国際法廷でベトナム侵略の米国に有罪判決
6 第四次中東戦争始まる
7 米国、デトロイト市で黒人暴動
8 公害対策基本法公布

1 大江健三郎「万延元年のフットボール」〜
伊藤整「変容」〜
2 川端康成、石川淳、安部公房、三島由紀夫ら中国文化大革命に対し抗議の声明文を発表
4 日本近代文学館開館（東京都目黒区）

	10 ワシントンでベトナム反戦集会 12 国民総生産一一四〇億ドルで資本主義国第三位となる	8 藤枝静男「空気頭」 9 安部公房『燃えつきた地図』 11 富士正晴『桂春団治』
一九六八（昭和四三）	2 成田空港建設反対デモ 3 米大統領、北爆停止を発表 4 小笠原諸島の返還日米協定成立 8 ソ連、東欧五ヶ国軍、チェコに侵入、プラハなど全土占領 10 メキシコでオリンピック開催 川端康成、ノーベル文学賞受賞 12 三億円強奪事件	2 辻邦生『小説への序章』 4 開高健『輝ける闇』 6 大庭みな子「三匹の蟹」 8 チェコ問題に文化人が声明発表 10 野間宏『青年の環4 影の領域』 11 小田実『現代史』上・下 吉本隆明『共同幻想論』 12 竹内泰宏『希望の砦』
一九六九（昭和四四）	1 東大、全共闘系学生排除に警官出動要請（機動隊八千五百人） 5 大学立法の動きに反発した京大全共闘紛争激化 6 東京国立近代美術館移転 7 米宇宙船アポロ11号月面着陸 8 大学運営臨時措置法案強行採決 10 国際反戦デーの統一行動（全国六百ヶ所、八六万人） 12 英で、死刑廃止法可決	1 野間宏、堀田善衛ら六一人が東大全共闘支持の声明発表 4 平林たい子「林芙美子」 5 寺田透、紛争続く大学に辞表 6 秋元松代「かさぶた式部考」 「海」創刊 8 黒井千次『時間』 椎名麟三『懲役人の告発』 10 寺田透『藝術の理路』 『高橋和巳作品集』〜

一九七〇（昭和四五）	2 日本初の人工衛星打上げ成功 3 日航機「よど号」赤軍派学生に乗っ取られる 大阪で日本万国博覧会開催 8 田子の浦港、ヘドロ公害集会 東京で歩行者天国の試み開始 10 東京で初のウーマンリブ集会 12 沖縄コザ市で反米暴動起こる	2 沼正三『家畜人ヤプー』 3 「人間として」創刊 6 「辺境」「文学的立場」創刊 『小田実全仕事』〜 8 古井由吉「杳子」 10 小川国夫「試みの岸」 11 河野多恵子『回転扉』 三島由紀夫、自衛隊で割腹自殺
一九七一（昭和四六）	1 水俣病裁判の現地検証始まる 4 天皇皇后、広島の原爆慰霊碑初参拝 6 沖縄返還協定調印 富山地裁、イタイイタイ病に原告勝訴の判決 10 中国の国連復帰	1 野間宏『青年の環5　炎の場所』 2 江夏美好『下々の女』上・下 3 『埴谷雄高作品集』〜 9 大岡昇平『レイテ戦記』 10 杉浦明平『小説渡辺崋山』 11 大岡昇平、芸術院会員を辞退
一九七二（昭和四七）	1 グアム島で元日本兵横井庄一発見、救出される 2 連合赤軍、浅間山荘籠城事件 札幌冬季オリンピック開催 3 連合赤軍リンチ殺人事件発覚 5 米軍、北ベトナム全土猛爆 沖縄施政権返還、沖縄県発足 日本人ゲリラ三名、テルアビブ空港	3 火野葦平は自殺と遺族が発表 4 丸谷才一『たった一人の反乱』 川端康成、ガス自殺 6 有吉佐和子『恍惚の人』ベストセラー 7 宮原昭夫『誰かが触った』 8 小島信夫『私の作家評伝』Ⅰ・Ⅱ 10 辻邦生『背教者ユリアヌス』

	襲撃（死者二六名） 8 ミュンヘンでオリンピック開催 9 国交正常化の日中共同声明	『辻邦生作品全六巻』〜 11 山崎正和『鷗外 闘う家長』 12 三木卓「鶸」
一九七三（昭和四八）	1 ベトナム和平協定調印 3 水俣病、患者側全面勝訴の判決 米軍の南ベトナム撤退完了 8 金大中、東京で強制連行される 10 江崎玲於奈、ノーベル物理学賞受賞 12 石油危機により物価暴騰	3 安部公房『箱男』 4 季刊「文芸展望」創刊 6 遠藤周作『死海のほとり』 7 加賀乙彦『帰らざる夏』 9 大江健三郎『洪水はわが魂に及び』 10 後藤明生『挟み撃ち』
一九七四（昭和四九）	1 地価公示価格、三割以上上昇 ベ平連、サヨナラ集会 3 ルバング島で元少尉小野田寛郎約三〇年ぶりに救出、帰国 8 三菱重工など爆破事件続く 10 佐藤栄作にノーベル平和賞 サリドマイド訴訟、和解成立	7 日本現代詩人会、韓国の詩人金芝河への無期懲役判決に抗議 9 中野好夫『蘆花徳富健次郎』全三巻 和田芳恵『接木の台』 日野啓三「あの夕陽」 10 阪田寛夫「土の器」 足立巻一『やちまた』上・下
一九七五（昭和五〇）	1 環境庁初の「緑の国勢調査」で国土の八割が開発済みと発表 5 エリザベス英女王夫妻来日 7 沖縄国際海洋博覧会開催 9 天皇、皇后初訪米	1 佐多稲子「時に佇つ」〜 2 中村真一郎『四季』 6 林京子「祭りの場」 7 埴谷雄高「夢魔の世界―死霊五章」 10 中上健次「岬」

	11 初の先進国サミットに日本出席	11 檀一雄『火宅の人』
一九七六（昭和五一）	1 沖縄海洋博閉幕、三六ヶ国参加 4 北京、天安門事件 南北ベトナム統一 7 ロッキード社の航空機売り込みで、田中角栄前首相らを逮捕 モントリオールでオリンピック開催	6 高橋たか子『誘惑者』 7 村上龍『限りなく透明に近いブルー』ベストセラー 萩原葉子「蕁麻の家」 11 小檜山博「出刃」 12 外岡秀俊「北帰行」
一九七七（昭和五二）	5 憲法施行三十周年記念集会 8 原水禁統一世界大会国際会議、十四年ぶりに広島で開催 9 読売巨人軍の王貞治、本塁打七五六本の世界最高記録樹立 日本赤軍、インド上空で日航機をハイジャック 10 福岡地裁、カネミ油症事件で被害者側全面勝訴	1 池田満寿夫「エーゲ海に捧ぐ」 2 黒井千次『五月巡歴』 3 大庭みな子『浦島草』 5 中上健次『枯木灘』 三田誠広「僕って何」 6 富岡多恵子「立切れ」 7 津島佑子『草の臥所』 9 島尾敏雄『死の棘』 10 小林秀雄『本居宣長』
一九七八（昭和五三）	3 成田空港反対派、管制塔占拠 赤い旅団、伊モロ前首相を誘拐 5 成田空港開港 8 北京で日中平和友好条約調印 東京地裁、スモン訴訟で国と製薬会	3 大谷晃一『評伝梶井基次郎』 4 中村真一郎『夏』 5 林京子『ギヤマンビードロ』 この作の芸術選奨新人賞を辞退 6 中沢けい「海を感じる時」

	社三社に損害賠償を命令 10 本州四国連絡橋、建設着工	7 竹西寛子『管弦祭』 10 河盛好蔵『パリの憂愁』
一九七九（昭和五四）	2 イラン革命、反国王デモ 6 東京サミット開催 高松地裁、財田川事件の再審開始を決定（死刑囚への初裁決） 10 韓国大統領朴正熙、射殺される 12 松山事件、再審決定（九月の免田事件に続き死刑囚で三人目）	2 加賀乙彦『宣告』上・下 山本健吉『詩の自覚の歴史』 5 李恢成『見果てぬ夢』全六巻 6 村上春樹「風の歌を聴け」 9 津島佑子『光の領分』 10 中村真一郎『昭和作家論』
一九八〇（昭和五五）	5 韓国で光州事件 7 モスクワ・オリンピックに日米不参加、八〇ヶ国が参加 9 イラン・イラク戦争起こる 12 世界初の国際人権シンポジウムを大阪で開催。金芝河釈放	1 中上健次『鳳仙花』 2 結城信一『空の細道』 4 大西巨人『神聖喜劇』全五巻 5 篠田一士『日本の現代小説』 7 岩橋邦枝「伴侶」～ 10 石川淳『狂風記』
一九八一（昭和五六）	2 ローマ法王来日、平和アピール 3 中国残留孤児四七人が初来日 10 福井謙一、ノーベル化学賞受賞 エジプト大統領サダト銃撃され死亡	2 後藤明生『吉野大夫』 4 埴谷雄高「愁いの王―死霊六章」 8 黒井千次「群棲」～ 10 川西政明『評伝高橋和巳』

（著者作成）

解説

永江朗

　坂本一亀が編集者であった一九四七年から一九八一年までのあいだ、あるいは彼が河出書房／河出書房新社に勤務した一九七六年までのあいだ。それは夢のような時代であり、黄金のような時代だった。だれにとって黄金時代だったのか？　日本の出版産業にとってであり、日本の文芸にとってであり、そして読者にとってである。

　野間宏、椎名麟三、三島由紀夫、中村真一郎、埴谷雄高、武田泰淳、梅崎春生、船山馨、水上勉、小田実、高橋和巳、真継伸彦、山崎正和、井上光晴、黒井千次、丸谷才一、平野謙、いいだ・もも、辻邦生、島尾敏雄……。本書の目次に並ぶ作家たちの名前、つまり坂本一亀が単行本や叢書、雑誌などでいっしょに仕事をした作家たちの名前を見ると、溜め息が出てくる。戦後文学で重要な作家のすべてとはいわないが（第三の新人がほとんど抜けていて、それもおもしろい）、ほとんどの人びとがここに網羅されている。それぞれが一筋縄ではいかない性格の作家ばかりである。これだけの顔ぶれとがっぷり四つに組んで、あるいは二人三脚で仕事をするなんて、並大抵のことではない。

文芸誌の編集者とお茶を飲んでいると、よく電話がかかってくる。わたしにではなく、編集者に。「どうぞ」といって電話に出るよううながすと、編集者は「失礼します」とわびつつ、スマートフォンをつかんで店外に走る。しばらくして戻ってきて「すいませんでした」といい、打合せという名目の雑談を続ける。携帯電話が普及して、そういうことが増えた。電話をかけてきたのが誰なのか、編集者はいわないが、彼／彼女が担当している作家なのだろうと察しがつく。用件は必ずしも急を要するものとはかぎらない。だが、作家は孤独で不安なのだ。文芸編集者とはなんて大変な仕事なのだろうと思う。作家のなかでもとびきりやっかいな人たちと組んできたのが坂本一亀なのである。もっとも、本書の著者によると、坂本は作家たち以上にやっかいな人だったようだが。

坂本一亀の時代が、なぜ夢のような時代、黄金時代だったのか。出版史の観点から本書を少し補足と解説をしたい。

ようするに上り坂の時代だったのだ。坂本一亀が河出書房に入社した一九四七年、日本で一年間に刊行された書籍はわずか四四九九点にすぎなかった。四五年の敗戦直後から出版社が次々と誕生し、休眠状態だった出版社も活動を再開。四六年は書物であれば何でも売れるといわれたほどだった。戦時中の物資不足や言論統制で人びとは読むものに飢えていたのである。

四六年には本書にも書かれているように「近代文学」が創刊され、坂本一亀の人生を大きく変えることになった。そのほか文芸誌では「群像」（講談社）や「新日本文学」（新日本文学会）も四六年に創刊。四七年には「文學界」（文學界社、のち文藝春秋新社）も復刊し、小説誌「小説新潮」（新潮社）が創刊されている。総合誌では四六年に「世界」（岩波書店）、「展望」（筑摩書房）、「思想の科学」（先駆社）が創刊され、「中央公論」（中央公論社）も復刊した。新しい出版社が次々と生まれ、まるでビッグバン直後のように出版の宇宙が急激に膨張していった。

ただし、日本人にとって戦争はまだ終わっていなかった。たとえば四七年のベストセラーリストを見ると、前々年から売れ続けた森正蔵『旋風二十年』（鱒書房）をはじめ、レマルク『凱旋門』（板垣書店）や、三木清『人生論ノート』（創元社）など、戦争に関連した本が目につく。『旋風二十年』は軍部と政府がいかに戦争を画策したかをジャーナリストが暴いたノンフィクション。『凱旋門』は第二次世界大戦下のパリを描いた小説。戦中に河出書房から『哲學ノート』正続を出していた三木清は、戦争末期に治安維持法で捕らえられ、八月一五日以降も衛生状態劣悪な独房に留め置かれた末に九月二六日、病死した。戦争の影が色濃く残っているのを感じる。

事実、戦争は終わっていなかった。沖縄や奄美はいうまでもなく、本土もまだアメリカの占領下にあった。二・一ゼネストはマッカーサー元帥の指令により直前に中止された。満洲や樺太、シベリアなどからの引き揚げ・帰還も完了していなかった。サンフランシスコ講和条約と日米安全保障条約の署名は五一年、発効は五二年である。奄美群島の復帰は五三年、小笠原諸島が六八年、沖縄県が七二年。

毎日新聞の読書世論調査によると、一九五二年の総合読書率（雑誌または書籍を読むと答えた人の割合）は全体で六二・八パーセント。年齢別では一六歳〜一九歳は八五・四パーセントが「読む」と答えており、二十代は八一・五パーセント。逆に四十歳以上は低く、四二・四パーセントにとどまる。読書が若者のものである時代だったのだ。編集者も若く、読者も若かった。ちなみに二〇一七年の総合読書率は六五パーセントである。

坂本一亀が河出書房新社を去る一九七六年、書籍の年間発行点数は二万三四六四点と、彼が編集者になった二九年前の五倍以上に増えていた。その後も発行点数は増え続け、二〇一〇年代は七万点台の後半となっている。一方、年間販売冊数は一九七六年が六億八五〇二万冊だったのに対して、二〇一六年は六億一七六九万冊だ。坂本一亀の引退した時代に比べて、発行点数は三倍になったのに、売れた冊数はむしろ減っている。わたしが坂本の時代を黄金時代という理由のひとつはこれだ。ひとりの編集者が、ひとりの作家、ひとつの小説にかけられる時間が、四十年前はいまよりもたっぷりあったのだ。だから、「坂本一亀に比べて現代の編集者はダメだ」なんていいたくない。（データ類は出版ニュース社『出版データブック』と出版科学研究所『2017年版出版指標年報』および毎日新聞社『読書世論調査30年』、現代日本文学綜覧シリーズ、世界文学綜覧シ

リーズより）

坂本一亀が活躍した一九五〇年代、六〇年代は、文学全集と百科事典の時代でもあった。一九五二年、河出書房は「現代文豪名作全集」全二四巻、「世界文学全集第Ⅱ期・古典篇」全二七巻、「世界地理大系」全七巻を刊行し、五三年には「世界大思想全集」全六七巻、「現代世界美術全集」全一二巻を刊行している。こうした活発な出版活動が、坂本の情熱的な本づくりを資金面で支えたと考えられる。

次々と全集を刊行したのは河出書房だけでなかった。角川書店は「昭和文学全集」第一期二五巻・第二期三三巻を、新潮社は「現代世界文学全集」全四六巻を刊行し、筑摩書房は「現代日本文学全集」全九七巻を刊行した。とはいえ、やはり河出書房の全集刊行は突出している。五五年にも「日本国民文学全集」全三五巻、「世界文学全集」グリーン版第2集全二五巻、「日本文学全集」全二五巻を刊行。

ところがこうした無理がたたって河出書房は一九五七年に倒産し、河出書房新社となる。このとき文芸誌「文藝」が休刊してしまう。戦時下でも刊行を続け、一九四五年三月の東京大空襲で日本橋にあった河出書房の社屋が焼失したときも刊行を続けたのに。

河出書房が倒産した原因は大型全集の乱発による自転車操業のためとも、新雑誌創刊の失敗のためともいわれる。たぶん複数の原因がからまりあってのことなのだろう。なお、このとき創刊した「週刊女性」は主婦と生活社に譲渡され、現在も刊行中である。

佐久間文子『「文藝」戦後文学史』(河出書房新社)によると、この倒産によって二百人ほどいた社員の大半は退職し、三十人が新社で再出発した。坂本一亀はその三十人のひとりとしてがむしゃらに本を作り続け、たとえば六一年の小田実『何でも見てやろう』のような大ベストセラーも出した。

そんな坂本一亀も、雑誌の編集長には向いていなかったようだ。一九六二年に「文藝」が復刊して坂本は編集長に就いたが、わずか二年弱、二二冊つくって更迭されてしまう。佐久間の前掲書には坂本の未公刊日記から「編集のみならず、社員一部において『文藝』に対する反感の度強いのに不快なり。理由は明白、売行き不良のためなり」という一文を引き、坂本資料に挿まれていたメモから、創刊号は三万二千部刷って実売一万七千部、以降は実売五割を切り、十一月号は刷り部数は二万一千部まで落ちたと思われることを明かしている。たしかに悲惨な数字だが、文藝賞の創設や新人の発掘と育成という貢献を考えるともう少し続けてもよかったのではないか。せめて丸三年ぐらいは。もっとも、佐久間は、坂本の後、竹田博、寺田博、杉山正樹、佐佐木幸綱と短期間で編集長が次々と変わるなか、「文藝」の部数は五万部ほど刷っていて、文芸誌としてはダントツに売れていたという、かつて「文藝」編集部員だった清水哲男の証言を紹介している。だとすれば、やっぱり坂本一亀は雑誌編集長に向いていなかったのか。書籍の編集と雑誌の編集は違う。坂本一亀は書籍編集者であり、文芸書編集者だったのだ。

著者は本書の随所で、坂本一亀の横暴ぶりや気むずかしさについて言及している。また、彼が経験した戦前戦中の軍国主義およびそれに続く軍隊体験との関係についても。野崎六助の評論書名を借りるなら、復員文学ならぬ復員編集者だったのだ。編集者を引退する八一年まで、坂本一亀は戦争を引きずっていた。その二年後、坂本龍一が陸軍将校を演じる『戦場のメリークリスマス』が公開された。

もう坂本一亀のような編集者はあらわれないだろうし、野間宏や高橋和巳のような作家があらわれることもないだろう。本書は貴重な証言である。

（フリーライター）

本書は二〇〇三年六月に作品社より刊行された『伝説の編集者 坂本一亀とその時代』を加筆修正のうえ文庫化したものです。

伝説《でんせつ》の編集者《へんしゅうしゃ》
坂本一亀《さかもとかずき》とその時代《じだい》

二〇一八年 四 月三〇日 初版発行
二〇二三年 七 月三〇日 5刷発行

著 者 田邊園子《たなべそのこ》
発行者 小野寺優
発行所 株式会社河出書房新社
〒一五一－〇〇五一
東京都渋谷区千駄ヶ谷二－三二－二
電話〇三－三四〇四－八六一一（編集）
〇三－三四〇四－一二〇一（営業）
https://www.kawade.co.jp/

ロゴ・表紙デザイン 粟津潔
本文フォーマット 佐々木暁
本文組版 KAWADE DTP WORKS
印刷・製本 中央精版印刷株式会社

Printed in Japan ISBN978-4-309-41600-7

黒田清　記者魂は死なず

有須和也　41123-1

庶民の側に立った社会部記者として闘い抜き、ナベツネ体制と真っ向からぶつかった魂のジャーナリスト・黒田清。鋭くも温かい眼差しを厖大な取材と証言でたどる唯一の評伝。

毎日新聞社会部

山本祐司　41145-3

『運命の人』のモデルとなった沖縄密約事件＝「西山事件」をうんだ毎日新聞の運命とは。戦後、権力の闇に挑んできた毎日新聞の栄光と悲劇の歴史を事件記者たちの姿とともに描くノンフィクションの傑作。

私戦

本田靖春　41173-6

一九六八年、暴力団員を射殺し、寸又峡温泉の旅館に人質をとり篭城した劇場型犯罪・金嬉老事件。差別に晒され続けた犯人と直に向き合い、事件の背景にある悲哀に寄り添った、戦後ノンフィクションの傑作。

言論自滅列島

斎藤貴男／鈴木邦男／森達也　41071-5

右翼・左翼、監視社会、領土問題、天皇制……統制から自滅へと変容した言論界から抜け出した異端児が集い、この国を喝破する。文庫化のために再集結した追加鼎談を収録。この真っ当な暴論を浴びよ！

「噂の眞相」トップ屋稼業　スキャンダルを追え！

西岡研介　40970-2

東京高検検事長の女性スキャンダル、人気タレントらの乱交パーティ、首相の買春検挙報道……。神戸新聞で阪神大震災などを取材し、雑誌「噂の眞相」で数々のスクープを放った敏腕記者の奮闘記。

福島第一原発収束作業日記

ハッピー　41346-4

原発事故は終わらない。東日本大震災が起きた二〇一一年三月一一日からほぼ毎日ツイッター上で綴られた、福島第一原発の事故収束作業にあたる現役現場作業員の貴重な「生」の手記。

タレント文化人200人斬り　上

佐高信　41380-8

こんな日本に誰がした！　何者もおそれることなく体制翼賛文化人、迎合文化人をなで斬りにするように痛快に批判する「たたかう評論家」佐高信の代表作。九〇年代の文化人を総叩き。

タレント文化人200人斬り　下

佐高信　41384-6

日本を腐敗させ、戦争へとおいやり、人々を使い捨てる国にしたのは誰だ？　何ものにも迎合することなく批判の刃を研ぎ澄ませる佐高信の人物批評決定版。二〇〇〇年以降の言論人を叩き切る。

死刑のある国ニッポン

森達也／藤井誠二　41416-4

「知らない」で済ませるのは、罪だ。真っ向対立する廃止派・森と存置派・藤井が、死刑制度の本質をめぐり、苦悶しながら交わした大激論！　文庫化にあたり、この国の在り方についての新たな対話を収録。

軋む社会　教育・仕事・若者の現在

本田由紀　41090-6

希望を持てないこの社会の重荷を、未来を支える若者が背負う必要などあるのか。この危機と失意を前にし、社会を進展させていく具体策とは何か。増補として「シューカツ」を問う論考を追加。

強いられる死　自殺者三万人超の実相

斎藤貴男　41179-8

年間三万人を超える自殺者を出し続けている自殺大国・日本。いじめ、パワハラ、倒産……自殺は、個々人の精神的な弱さではなく、この社会に強いられてこそ起きる。日本の病巣と向き合った渾身のルポ。

宮武外骨伝

吉野孝雄　41135-4

あらためて、いま外骨！　明治から昭和を通じて活躍した過激な反権力のジャーナリスト、外骨。百二十以上の雑誌書籍を発行、罰金発禁二十九回に及ぶ怪物ぶり。最も信頼できる評伝を待望の新装新版で。

裁判狂時代　喜劇の法廷★傍聴記

阿曽山大噴火　40833-0

世にもおかしな仰天法廷劇の数々！　大川興業所属「日本一の裁判傍聴マニア」が信じられない珍妙奇天烈な爆笑法廷を大公開！　石原裕次郎の弟を自称する窃盗犯や極刑を望む痴漢など、報道のリアルな裏側。

裁判狂事件簿　驚異の法廷★傍聴記

阿曽山大噴火　41020-3

報道されたアノ事件は、その後どうなったのか？　法廷で繰り広げられるドラマを日本一の傍聴マニアが記録した驚異の事件簿。監禁王子、ニセ有栖川宮事件ほか全三十五篇。〈裁判狂〉シリーズ第二弾。

ミッキーマウスはなぜ消されたか　核兵器からタイタニックまで封印された10のエピソード

安藤健二　41109-5

小学校のプールに描かれたミッキーはなぜ消されたのか？　父島には核兵器が封じられている？　古今東西の密やかな噂を突き詰めて見えてくる奇妙な符号——書き下ろしを加えた文庫オリジナル版。

カルト脱出記

佐藤典雅　41504-8

東京ガールズコレクションの仕掛け人としても知られる著者は、ロス、NY、ハワイ、東京と九歳から三十五歳までエホバの証人として教団活動していた。信者の日常、自らと家族の脱会を描く。待望の文庫化。

永遠の一球

松永多佳倫／田沢健一郎　41304-4

プロ野球選手となった甲子園優勝投手たちの栄光と挫折——。プロ入団時の華やかさとは対照的に、ひっそりと球界を去った彼らの第二の人生とは？　愛甲猛、土屋正勝、吉岡雄二、正田樹ら七人の軌跡！

戦火に散った巨人軍最強の捕手

澤宮優　41297-9

戦前、熊工の同期川上哲治とともに巨人に入団し、闘魂あふれるプレーでスタルヒンやあの沢村をリードした、ナイスガイ吉原。その短くも閃光を放った豪快なプロ野球人生と、帰らざる戦地の物語。

売春という病

酒井あゆみ　41083-8

月収数百万円の世界を棄て、現代の「売春婦」達はどこへ消えたのか？「昼」の生活に戻れるのか？　自分を売り続けてきた女たちが、現在と過去を明かし、売春という病を追究する衝撃のノンフィクション！

結婚帝国

上野千鶴子／信田さよ子　41081-4

結婚は、本当に女のわかれ道なのか……？　もはや既婚／非婚のキーワードだけでは括れない「結婚」と「女」の現実を、〈オンナの味方〉二大巨頭が徹底的に語りあう！　文庫版のための追加対談収録！

幸せを届けるボランティア　不幸を招くボランティア

田中優　41502-4

街頭募金、空缶拾いなどの身近な活動や災害ボランティアに海外援助……これってホントに役立ってる？　そこには小さな誤解やカン違いが潜んでいるかも。“いいこと”したその先に何があるのか考える一冊。

愛と痛み

辺見庸　41471-3

私たちは〈不都合なものたち〉を愛することができるのか。時代の危機に真摯に向き合い続ける思想家が死刑をいままでにないかたちで問いなおし、生と世界の根源へ迫る名著を増補。

昭和を生きて来た

山田太一　41442-3

平成の今、日本は「がらり」と変ってしまうのではないか？　そのような恐れも胸に、昭和の日本や家族を振りかえる。戦争の記憶を失わない世代にして未来志向者である名脚本家の名エッセイ。

半自叙伝

古井由吉　41513-0

現代日本文学最高峰の作家は、時代に何を感じ、人の顔に何を読み、そして自身の創作をどう深めてきたのか——。老年と幼年、魂の往復から滲む深遠なる思索。

天皇と日本国憲法

なかにし礼　41341-9

日本国憲法は、世界に誇る芸術作品である。人間を尊重し、戦争に反対する。行動の時は来た。平和への願いを胸に、勇気を持って歩き出そう。癌を克服し、生と死を見据えてきた著者が描く人間のあるべき姿。

みんな酒場で大きくなった

太田和彦　41501-7

酒場の達人×酒を愛する著名人対談集。角野卓造・川上弘美・東海林さだお・椎名誠・大沢在昌・成田一徹という豪華メンバーと酒場愛を語る、読めば飲みたくなる一冊！　特別収録「太田和彦の仕事と酒」。

下町呑んだくれグルメ道

畠山健二　41463-8

ナポリタン、うなぎ、寿司、串揚げ、もつ煮込みなど、下町ソウルフードにまつわる勝手な一家言と濃い人間模様が爆笑を生む！「本所おけら長屋」シリーズで人気沸騰中の著者がおくる、名作食エッセイ。

ちんちん電車

獅子文六　41571-0

品川、新橋、銀座、日本橋、上野、浅草……獅子文六が東京を路面電車でめぐりながら綴る、愛しの風景、子ども時代の記憶、美味案内。ゆったりと古きよき時代がよみがえる名エッセイ、新装版。

旅芸人のいた風景

沖浦和光　41472-0

かつて日本には多くの旅芸人たちがいた。定住できない非農耕民は箕作り、竹細工などの仕事の合間、正月などに予祝芸を披露し、全国を渡り歩いた。その実際をつぶさに描く。

ロッパ食談　完全版

古川緑波　41315-0

1951年創刊の伝説の食べもの冊子『あまカラ』に連載された「ロッパ食談」をはじめて完全収録。ただおもしろいだけじゃない、「うまいもの」「食べること」への執念を感じさせるロッパエッセイの真髄。

アーティスト症候群　アートと職人、クリエイターと芸能人

大野左紀子　41094-4

なぜ人はアーティストを目指すのか。なぜ誇らしげに名乗るのか。美術、芸能、美容……様々な業界で増殖する「アーティスト」への違和感を探る。自己実現とプロの差とは？　最新事情を増補。

増補　地図の想像力

若林幹夫　40945-0

私たちはいかにして世界の全体をイメージすることができるのか。地図という表現の構造と歴史、そこに介在する想像力のあり様に寄り添い、人間が生きる社会のリアリティに迫る、社会学的思考のレッスン。

新教養主義宣言

山形浩生　40844-6

行き詰まった現実も、ちょっと見方を変えれば可能性に満ちている。文化、経済、情報、社会、あらゆる分野をまたにかけ、でかい態度にリリシズムをひそませた明晰な言葉で語られた、いま必要な〈教養〉書。

心理学化する社会

斎藤環　40942-9

あらゆる社会現象が心理学・精神医学の言葉で説明される「社会の心理学化」。精神科臨床のみならず、大衆文化から事件報道に至るまで、同時多発的に生じたこの潮流の深層に潜む時代精神を鮮やかに分析。

「困った人たち」とのつきあい方

ロバート・ブラムソン　鈴木重吉／峠敏之〔訳〕　46208-0

あなたの身近に必ずいる「とんでもない人、信じられない人」——彼らに敢然と対処する方法を教えます。「困った人」ブームの元祖本、二十万部の大ベストセラーが、さらに読みやすく文庫になりました。

ザ・マスター・キー

チャールズ・F・ハアネル　菅靖彦〔訳〕　46370-4

『人を動かす』のデール・カーネギーやビル・ゲイツも激賞。最強の成功哲学であり自己啓発の名著！　全米ベストセラー『ザ・シークレット』の原典となった永遠普遍の極意を二十四週のレッスンで学ぶ。